职业教育城市轨道交通专业教材

城市轨道交通
车站客运组织与服务

张　燕　主　编
杨　亚　副主编

電子工業出版社
Publishing House of Electronics Industry
北京・BEIJING

内 容 简 介

本书是职业教育“职业教育城市轨道交通专业教材”之一。教材的内容是以轨道交通车站站务人员岗位需求、学生的认知规律及教师的教学积累为依据，融合了轨道交通车站客运组织与服务工作对职业技能的要求，构建了相关的理论与实践知识。经过与轨道交通企业专家深入、细致、系统的分析，本教材最终确定了八个项目 22 个任务，比较全面地概括了城市轨道交通车站的功能及服务设备设施、开关站、车站的日常客流组织、特殊情况下的车站客流组织，车站客运服务事务处理及客伤的处理，城市轨道交通车站服务理念及质量标准和评价、车站站务人员服务要求及服务技巧等内容。

本书可作为职业院校城市轨道交通运营管理专业（站务方向）及相关专业的教学用书，也可作为从事城市轨道交通车站服务的职工参考资料和培训用书。

图书在版编目（CIP）数据

城市轨道交通车站客运组织与服务 / 张燕主编. —北京：电子工业出版社，2015.1
职业教育城市轨道交通专业教材
ISBN 978-7-121-25268-6

Ⅰ. ①城… Ⅱ. ①张… Ⅲ. ①城市铁路－旅客运输－行车组织－高等职业教育－教材 ②城市铁路－客运服务－高等职业教育－教材 Ⅳ. ①U239.5

中国版本图书馆 CIP 数据核字（2014）第 303460 号

策划编辑：徐　玲
责任编辑：夏平飞　　文字编辑：张岩雨
印　　刷：三河市双峰印刷装订有限公司
装　　订：三河市双峰印刷装订有限公司
出版发行：电子工业出版社
　　　　　北京市海淀区万寿路 173 信箱　邮编　100036
开　　本：787×1 092　1/16　印张：10　字数：256 千字
版　　次：2015 年 1 月第 1 版
印　　次：2015 年 1 月第 1 次印刷
印　　数：4 000 册　定价：21.00 元

凡所购买电子工业出版社图书有缺损问题，请向购买书店调换。若书店售缺，请与本社发行部联系，联系及邮购电话：（010）88254888。

质量投诉请发邮件至 zlts@phei.com.cn，盗版侵权举报请发邮件至 dbqq@phei.com.cn。

服务热线：（010）88258888。

职业教育城市轨道交通专业教材编审委员会

总序 Preface

随着国民经济的持续快速发展，人流、物流、信息流以前所未有的密度涌向大城市并向周边辐射。城市化进程加快，城镇人口迅速增长，我国市区常住 100 万人口以上的大城市已达 40 多个，超过 200 万人口的特大城市已有 14 个。目前，我国城镇人口比例已经达到 45%左右，城市规模的扩大、城市人口的增长，带来了城市交通需求的高速增长。为解决大中城市交通紧张问题，我国已有越来越多的城市把发展城市轨道交通列入城市发展计划。截至 2010 年，北京、天津、上海、广州、深圳、南京、重庆、武汉、大连、长春 10 个城市已经开通运营的城市轨道交通线路总长已近 1000 千米，加上沈阳、成都、杭州、西安、苏州等城市在建线路总长超过 1200 多千米。此外，还有青岛、宁波、郑州、厦门、东莞、昆明、长沙、乌鲁木齐、南宁、济南、兰州、太原、福州、合肥、无锡、贵阳、烟台、石家庄、温州等诸多城市都在进行轨道交通规划或建设工作。中国城市轨道交通建设正在进入快速有序的发展阶段。预计在 2015 年前后，我国将建设 79 条城市轨道交通线路，长达 2260 千米，到 2020 年中国城市轨道交通规模有望突破 3000 千米。城市轨道交通的快速发展，使得各类城市轨道交通人才需求量急剧增加，从城市轨道交通的专业人才用工需求看，城市轨道交通每千米需要 50～60 人。对于这个技术密集型行业来说，各城市的轨道交通都需要大批应用性人才，才能保证正常的运营和管理。因此，城市轨道交通行业具有广阔的人才需求空间。

城市轨道交通发展给职业教育的人才培养带来了良好契机，为适应城市轨道交通人才培养需求，更好地服务国民经济建设，2010 年 5 月，电子工业出版社在武汉组织召开了“职业教育城市轨道交通专业教学研讨会”，成立了“职业教育城市轨道交通专业项目式教材”编审委员会，确定了“职业教育城市轨道交通专业项目式教材”编写方案。根据专业教学研讨会议精神，经过主编、参编老师的共同努力，“职业教育城市轨道交通专业教材”终于与大家见面了。本套教材基本涵盖了“城市轨道交通专业”的主要课程和内容，满足了专业建设与教学需要；为适应职业教育的改革与发展，教材力求体现当代职业教育新理念、新思路；为紧跟城市轨道交通行业发展，尽量使教材保持一定的知识与技术领先。本套教材编写以职业能力为主线，以职业生涯为背景，以工作结构为框架，以岗位能力为依据，以工作情境为支撑，以工作过程为基础。教材体系结构力求从学科结构向职业工种技能结构转变；教材内容组织力求根据城市轨道交通专业学生今后从事职业工作岗位要求及标准出发，突出典型岗位的工作过程，满足职业标准要求，贯穿主要规章和作业标准。本套教材具有以下特点：

1）教材体例符合职业教育教学改革和发展方向

教材内容选择以《国家职业标准》规定的岗位（群）需求和职业能力为依据，以工作任务为中心，以理论知识为基础，以实践技能为依托，以工作情景为支撑，以案例呈现为特点，以拓展知识为延伸，充分考虑城市轨道交通典型岗位的工作任务的工作过程特点和教学过程特点的有机结合，体现教材的职业性特点。

2）教材内容凸显城市轨道交通专业领域主流应用技术和关键技能

教材内容凸显城市轨道运营、行车组织、客运组织、机车车辆等设备运用与检修及作业组织方法等主体工种的专业知识和技术，包括车站站长、行车调度、车辆维修、客运服务等典型岗位的主流应用技术和关键技能。

3）教材内容涵盖城市轨道交通行业和专业发展的“四新”内容

教材内容保持一定的前瞻性，反映行业与专业最新知识、工艺、装备和技术。教材编写从现代教学理念和教学模式出发，体现城市轨道交通前沿的创新成果和经验。

4）教材注重实践性，重视案例和实际动手场景的呈现

教材通俗实用，融入和结合了轨道交通专业骨干教师多年的教学经验和体会，合理地取舍和反映了城市轨道交通的基本专业知识和基本技能；通过具体模拟训练和情境实操，使学生加深对专业知识和技能的理解，以及基本技能和基本方法的掌握，从而可以缩短学生到企业后的岗前培训时间。

本套教材不仅适用于职业教育各层次教学，也适用于城市轨道交通行业相关人员在职进修提高和培训教学。

本套教材由浙江师范大学交通运输系吴晓主任担任主编，西安铁路职业技术学院赵岚、湖南铁道职业技术学院张莹担任副主编。吴晓负责本系列教材编写工作的整体策划与体例结构设计。教材在编写过程中得到了许多城市轨道交通行业专家、电子工业出版社等领导和同人的大力支持，在此表示衷心感谢！

在本套教材的编写过程中，编者们参考了大量的书籍、文献、论文等，也引用了许多专家学者的资料，编者已尽可能地在参考文献中详细列出，谨在此对他们表示衷心的感谢！同时，可能因为疏忽，有些资料引用了而没有指出资料出处，若有此类情况发生，我们深表歉意！由于城市轨道交通正处于快速发展期，资料收集很难达到齐全和最新，再加上编者水平所限，书中错误和疏漏在所难免，敬请大家见谅，也恳请读者在阅读后及时批评指正，我们将十分感谢。

吴　晓

前言 Introduction

职业教育最显著的特点就是“以就业为导向，以能力为本位”。同时，职业院校城市轨道交通运营管理专业（站务方向）的培养目标是为轨道交通车站培养具有站务员、值班员、值班站长岗位技能的站务人员。基于此，我们组织编写了《城市轨道交通车站客运组织与服务》教材，通过此教材的学习，能使学生掌握车站站务人员各岗位相关客流组织工作及为乘客服务应具有的技能和技巧，从而使学生毕业后就能直接适应车站站务人员各岗位客运组织与服务工作的要求。

教材分为八个项目，每个教学项目可分解为若干个具体的教学任务，每个任务都包含若干个知识点和技能，分别以理论模块、技术模块、案例模块、实操模块、拓展模块等内容体现。

本教材的特点如下：

1. 以工作任务为中心来组织内容，依据在企业现场的实际调查及分析及对毕业学生的回访结果而编写。

2. 注重实用性、操作性、实践性，紧密结合城市轨道交通车站站务人员各岗位的工作实际。

3. 围绕满足岗位需要的基本实践技能来优化教学内容，将实用性强的实训任务贯穿教材始终，着力提高学生的学习兴趣及实践技能。

4. 以培养学生职业素养为主线，提高学生分析问题和解决问题的能力。

本教材由成都工业职业技术学院张燕担任主编、杨亚担任副主编。本书参编作者均为成都工业职业技术学院的专业教师，具体分工为：项目一、二、三及项目四任务二、项目六任务一和任务四、项目八任务二由张燕编写；项目四任务一由杨亚编写；项目五和项目七由陈茜编写；项目六任务二由韩梅编写；项目六任务三由孙茗编写；项目八任务一由杨波编写。张燕负责编写教材提纲和全书的统稿工作，全书由深圳地铁运营总部客运三分公司王达主审。

为了方便教师教学，本书还配有教学指南、电子教案及习题答案（电子版）。请有此需要的教师登录华信教育资源网（www.hxedu.com.cn）免费注册后再进行下载，有问题时请在网站留言板留言或与电子工业出版社联系（E-mail:hxedu@phei.com.cn）。

本书在编写过程中，参阅了近年来各位专家学者的专著，受益匪浅。在此我们向提供帮助的专家学者表示衷心的感谢。由于水平有限，书中难免有不当之处，敬请读者不吝赐教。

编　　者

目录 Contents

项目一 城市轨道交通车站认知 1

任务一 车站及其客运服务设备设施……1

任务二 车站的平面布置……11

任务三 车站的管理模式及管理制度……21

任务四 站务人员各岗位职责及作业流程……26

项目二 城市轨道交通车站开启与关闭 35

任务一 车站客服设备设施的开与关……35

任务二 开、关站……39

项目三 城市轨道交通客流调查与分析 42

任务一 客流调查统计……42

任务二 车站客流特征分析……47

项目四 城市轨道交通车站客流组织 51

任务一 日常客流组织……51

任务二 特殊客流组织……60

项目五 城市轨道交通乘客事务处理 73

任务一 乘客咨询、建议和表扬的处理……73

任务二 乘客投诉处理……75

任务三 乘客遗失品处理……81

项目六 城市轨道交通车站客伤处理 86

任务一 认识客伤……86

任务二　救护和安抚乘客……88
任务三　现场保护及收集证据……100
任务四　客伤调查及责任认定……106

项目七　城市轨道交通客运服务理念及质量标准 109

任务一　客运服务理念……109
任务二　客运服务质量标准……116
任务三　客运服务质量评价……120

项目八　城市轨道交通车站客运服务技巧 132

任务一　站务人员各岗位客运服务要求……132
任务二　站务人员服务技巧……138

参考文献 150

项目一　城市轨道交通车站认知

项目描述

城市轨道交通车站是进行城市轨道交通客运组织工作的场所，是城市轨道交通运营生产的重要组成部分，是供乘客上下车、换乘、候车的场所。

城市轨道交通车站客运组织工作的主要内容是合理配置客运服务设备设施、合理配备客运服务人员、合理制定管理制度和应急预案。客运服务设备设施的合理配置是指服务设备设施的数量要满足车站规模大小的需求，设置的位置要满足乘客流动的需要；车站的客运服务人员要求专业技能高，服务技巧好，应变能力强；同时，为了满足车站的管理需求，还应制定符合车站特点的管理制度、作业标准及作业流程、突发事件应急处理预案等。本项目要求学生通过完成车站类型的判别及车站平面布局图的铺画等工作任务来掌握车站的类型、功能及组成部分，掌握车站的总体布局及平面布局，熟悉车站的组织机构及管理制度，了解车站各岗位职责及作业流程，从而认识城市轨道交通车站，为实现有效进行车站客流组织奠定基础。

任务一　车站及其客运服务设备设施

学习目标

（1）掌握车站的功能及类型；

（2）掌握车站客运服务设备设施功能。

学习任务

判别车站的类型，叙述客服设备的功能。

教学环境

多媒体教室。

理论模块

一、车站的功能及类型

车站是城市轨道交通客运组织工作的场所，是城市轨道交通运营系统的重要组成部分，是供乘客上下车、换乘、候车的场所。

车站的基本任务是要安全、迅速、方便、有序地组织乘客进出，能全面、可靠、机动地满足运营要求。车站的基本功能是供客流集散、乘客乘降、列车停靠，但有些车站还有换乘、折返、停车检修、临时待避的功能。因此车站需具备一定的建筑空间及不同功能的设备设施来共同达到其功能。

车站的分类可按修建位置、运营功能及规模大小来分类。

1．按修建位置来分

城市轨道交通车站按修建的位置来分可分为：地下车站、地面车站、高架车站。

地下车站是由于地面建筑已固定，或是要节省地面空间，埋藏于地下。车站通过出入口及通道吸引客流。其中按埋藏深度又可分为浅埋式和深埋式车站两种。其造价比地面站高得多，如图 1-1 所示。

图 1-1　地铁地下车站

地面车站是设置在地面层。造价比较低，但占用地面空间，其缺点是造成轨道交通所经过的地面区域分割，所以，一般在城乡接合部采用此类型的车站，如图 1-2 所示。

图 1-2　地铁地面站

高架站采用高架结构，设在道路两侧或道路中部上空，如图 1-3 所示。

图 1-3　地铁高架站

2．按运营功能来分

城市轨道交通车站按运营功能的不同可分为端点站、中间站、换乘站、大型换乘中心站。

端点站即始发站或终点站，是设置在线路两端终点的车站，主要功能是供乘客乘降（乘客上下车）、服务，供列车折返、停留和少量临时检修作业。

中间站是线路中数量最多的基本站型，主要功能是供乘客乘降、服务。

换乘站是指两条或两条以上轨道交通线交叉点设置的车站。主要功能是供乘客乘降、服务、换乘（乘客可在付费区内由一条线路换乘到另一条线路，在最大程度上节省了乘客出站、进站及排队购票的时间，为乘客换乘提供方便）。

大型中心换乘站一般设在各种交通工具集中换乘的地点。主要功能是供乘客乘降、服务及与其他交通工具的换乘。

3．按规模大小分

城市轨道交通车站按其修建的规模及客流大小来分可分为大、中、小型车站。

大型车站的高峰小时客流量达到 3 万人次以上；中等型车站的高峰小时客流量达到 2 万～3 万人次；小型车站的高峰小时客流量在 2 万人次以下。

二、车站的组成

车站的组成部分有出入口、通道、站厅、站台、风亭及冷却塔。

1．出入口

车站出入口是车站的门户，是地面客流与城市轨道交通车站的衔接口，也是城市轨道管理辖区的分界点，如图 1-4 所示。出入口一般设有防护门，在运营结束后或突发情况下会处于关闭状态。

图 1-4　地铁地下站出入口

2. 通道

通道是联系城市轨道交通车站出入口和站厅层的纽带。乘客从车站出入口到站厅层或从站厅层到站台层需要通过一定的通道，通道由楼梯、电梯及步行道组成。

3. 站厅层

站厅层的主要作用是集散客流，为乘客提供售票、检票等服务。站厅按用途分为公共区和设备区。

公共区设有导向标志等引导设施，是提供乘客问询、购票及便民服务等功能的区域，公共区又由付费区和非付费区组成，由进（出）站检票机和隔离设施分隔。设备区主要由设备用房和运营管理用房、辅助用房组成；运营管理用房包括站长室、车控室、AFC 票务管理室、会议室和公安保卫室等；设备用房包括环控机械室、配电室、信号机械室等；辅助用房包括卫生间、茶水间、更衣室、客服中心等。

4. 站台层

站台层是供列车停靠、乘客候车及乘降的区域。站台也分为公共区和设备区，一般两端为设备区，中间为公共区。设备区有设备用房和管理用房，公共区提供乘客候车及上下车。

5. 风亭及冷却塔

风亭及冷却塔属于地下车站的组成部分，风亭具有将地面的新鲜空气送入地铁隧道内的作用，如图 1-5 所示；冷却塔的作用则是将携带废热的冷却水在塔内与空气进行热交换，使废热传输给空气并散入大气，如图 1-5 所示。

地铁冷却塔

地铁风亭

图 1-5　地铁冷却塔和风亭

三、车站的客运服务设备设施

1. 车站乘降设备及功能

（1）乘降设备类型

乘降设备根据乘降的形式不同可分为楼梯、电梯（自动扶梯、垂直电梯）和轮椅升降机，如图 1-6 所示。

步行楼梯

自动扶梯

轮椅升降机

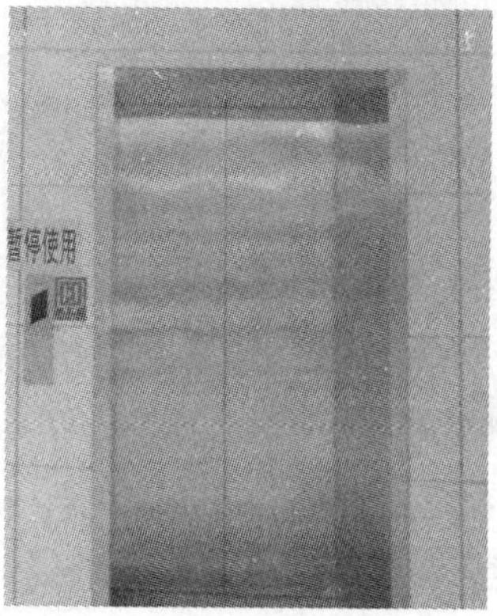

垂直电梯

图 1-6 乘降设备

（2）乘降设备的功能

楼梯是最简单易建的乘降设备，投资低、施工简单、管理方便，但易造成人流交叉干扰，乘客不方便。楼梯在车站发生紧急情况时，主要用于车站向外疏散乘客，所以车站楼梯平时应保持畅通，任何物品不得堆放在楼梯处，任何人员不得滞留在楼梯处。

自动扶梯是为减轻乘客疲劳，减少人流交叉干扰，增强车站吸引力，在条件许可（如提升高度不受限制等）的情况下，在出入口与站厅，站厅与站台间，均应设置的。当发生火灾时，车站的自动扶梯须停止运行，作为固定楼梯来疏散乘客。车站人员应引导乘客正确搭乘自动扶梯，对乘客不正确使用自动扶梯的行为应及时制止，以免发生危险。若自动扶梯运行时突然加减速，有异常声音或振动时，应阻止乘客继续搭乘，待无人后停止运行，并通知专业人员维修。自动扶梯一般在扶梯的右下侧设有“紧急停机按钮”（高差较大的自动扶梯在扶梯中部也设有“紧急停机按钮”），一旦在自动扶梯运行中发生乘客失足摔倒或其他紧急情况时，应立即按下“紧急停机按钮”，使自动扶梯停止运行，并采取相应的救护措施。

垂直电梯和轮椅升降机均属于无障碍设计，是供特殊人群使用的乘降设施。车站垂直电梯设置在出入口、站厅层和站台层；轮椅升降机是设置在楼梯旁，乘坐轮椅的残疾人可通过轮椅升降台下到站厅层，再经站厅的垂直电梯下到站台层，在升降机的上端和下端均设有对讲设备，只要按下对讲机上的按钮即可与车站控制室对话，要求工作人员开梯使用。

2．车站 AFC 终端设备及功能

（1）AFC 终端设备的组成

车站 AFC 终端设备通常由验票机、自动售票机、半自动售票机、自动检票机（又称闸机、进闸机、出闸机、双向闸机）、车站计算机等组成。

（2）AFC 终端设备的功能

AFC 终端设备是轨道交通自动售检票系统面向乘客的操作应用设备，将自动根据票务处理规则对售、检车票进行处理，并生成和保存车票处理的结果及其他管理信息，如图 1-7 所示。

自动售票机

自动检票机（闸机）

半自动售票机（票务处理机）

自动验票机

图 1-7　车站 AFC 终端设备

自动售票机位于车站的非付费区，乘客可以选择用现金（纸币、硬币）或有足够余值的储值票（一卡通）在自动售票机上购买不同票价的单程车票，有些自动售票机有充值功能。

半自动售票机（BOM）（也称票务处理机）位于车站的客服中心，设置在站厅层付费区与非付费区之间，为乘客提供售票、兑零、充值及乘客事务处理，如图 1-8 所示，由站务员操作，可以发售单程票、储值票，同时还可以完成车票的有效性分析、补票和给储值票（一卡通）加值等功能。

自动检票机（AGM）将车站的站厅隔为非付费和付费区，主要有检验车票的有效性、储值卡扣费、单程票回收、收集统计并上传数据的功能。

图 1-8　客服中心

验票机（TCM）（自动查询机）分为固定式验票机和手持式验票机两种，固定式验票机安装在非付费区，用于给乘客检查车票的余值、有效使用时间；手持式验票机是一种移动设备，由车站工作人员随身携带，用来对乘客所持车票进行核查，能方便地在付费区内对有关票卡的有效性进行检验并显示检验结果，为及时解决票务纠纷提供帮助。

3．导乘系统的组成及功能

（1）导乘系统的组成

导乘系统由导向标志及乘客信息系统组成。

导向标志是利用语言、文字、数字、符号，采用声学、光学、电器、照明、计算机等现代技术，在出入口、站台、车辆等乘客经过的地方，由广播、电子导向牌、指路牌、线路图、标示文字符号等组成的各种引导标志所构成，如图 1-9 所示。

图 1-9　指路牌

导向标志一般设置在车站外部（如站名牌、站位图、线路图、出入口导向图等）、站厅（如售票、检票方向指示、价格表、车站周围示意图、紧急出入口等）、站台（如：车站各种用房标志、时间表、线路图、显示列车到达时刻及目的地等信息的电子导向牌、出入口导向图等）、车辆内外部（如车辆运行方向、区间标志（车头、车侧）、车号、车辆到站表示装置、禁止靠车门、防止夹手标志、禁止拉动标志、乘务员禁止入内标志等）、楼梯、自动扶梯等通道（如方向标志、换乘标志、注意脚下、注意头部标志等）处。

乘客信息系统（Passenger Information System，PIS）是采用数字电视技术列车自动监控系统技术，利用先进的信息播出方式，实现信息服务功能。PIS 通过设在车站的各类显示终端，为乘客提供各类相关信息。PIS 的终端设备有 PDP 屏、LED 显示屏（如图 1-10 所示）、LCD 显示屏、高清晰度电视、触摸式查询机等。

图 1-10　LED 显示屏

（2）导乘系统的功能

导向标志能够无声地给乘客提供方向指示、警告指示及公共信息指示。尤其是在几条线路交汇的换乘车站以及实现自动售检票、使用屏蔽门、不设站台岗站务员的车站，导向标志尤为重要。乘客可按导向标志顺利快捷地完成进站、购票、检票、乘车、换乘、出站等一系列程序，减少站台的拥挤和混乱，减少乘客在站台的停留时间。

按导向标志的性能不同，导向标志可以分为方向性、警告性及服务性三类。方向性导向标志包括：列车运行方向、车站出入口方向、购票方向、进出站方向、换乘方向等标志。警告性导向标志包括：乘客停留标志、高电压危险标志、乘客不能进入的区域标志等。服务性导向标志包括：地铁系统线路图、运行时刻表、早晚开行时刻表、车站周围服务公共设施导向标志等。

乘客信息系统（PIS）具有信息发布和信息查询的功能。在正常情况下，播放列车运行信息、政府公告、出行参数、广告及其他交通工具的运行信息，在紧急情况下，中断其他信息，发布各种救援和疏散指示。PIS 信息发布一般包括文本信息和多媒体信息，其中文本信息包括常规信息、即时信息和紧急信息；多媒体信息包括图像、影音信息。

4．广播系统组成及功能

（1）广播系统的组成

车站广播设备是实现集中管理的重要组成部分，广播设备控制台一般设在车站控制室。广播设备分为自动广播和人工广播，广播的方式有：人工语音广播、语音合成广播、音乐广播和多路平行广播等。

（2）广播系统的功能

正常情况下，车站广播可在通道、站厅层和站台层对乘客进行导向服务，如报告列车进站离站的实时预告信息，报告相关的安全事项，传播服务信息，或播放音乐、广告等；在列车运行发生非常情况时，通过该系统及时向旅客通报，起到安抚、组织、疏导乘客的作用。同时，为组织好行车应及时将运行信息告知行车有关人员，自动广播还有集中广播和分区广播的功能。为了实现集中管理，车站广播设备除了车站广播外还应由控制中心集中播音。控制中心可对所有车站的所有区域播音，也可对某一个车站的某个区域有选择的播音。

5. 环控系统组成及功能

（1）环控系统的组成

车站的环控系统是指在站台、隧道、设备及管理用房等处所的环境进行空气处理系统。环控系统由风系统、车站空调水系统、集中供冷系统及防噪系统组成。

风系统又分为隧道通风系统、空调大系统、空调小系统。隧道通风设备分为区间隧道机械通风（兼排烟）和车站隧道通风两部分。空调大系统是指车站站厅、站台公共区制冷空调及通风（兼排烟）系统。空调小系统是指车站管理及设备用房空调通风（兼排烟）系统。由于地面站、高架站散热散湿条件好，因此无空调大系统，只具有小系统。

车站空调水系统是指各站为供给车站大、小系统空调用水所设置的制冷系统。

集中供冷系统是指将相邻三到五个车站的空调用冷冻水汇集到某一处，集中处理。冷冻水再由二次冷冻水泵和管路长距离输送到各车站，以满足车站所需的冷量。

防噪系统是指安装在站台顶部、车站范围的隧道侧墙、站台下部轨道旁的吸声板、站台屏蔽门及高架轨道交通主要是在线路沿线布置防噪墙。

（2）环控系统的功能

车站空调为车站内部源源不断地输送经过处理的空气，使之与车站内部其他空气进行热、湿交换，并将完成调节作用的空气排出，来保持车站内稳定的湿度和温度要求。

噪声是轨道交通的一大缺点。列车在高速运行时轮对钢轨的摩擦是主要的噪声源，尤其是高架轨道交通此类问题更为突出。目前，除了对车辆构造及轮轨作用体系方面做出改进以外，地下轨道交通采取的主要措施是在站台顶部、车站范围的隧道侧墙、站台下部轨道旁设置吸声板以及安装站台屏蔽门。

正常条件下，环控系统可通过就地级、车站级、中央级三级进行控制和自动控制系统进行监控，实现设备集中控制和科学管理，通过运行不同环控模式，满足不同场合对设备的运行要求。中央级控制装置设置在控制中心（OCC），OCC 工作站可对隧道通风系统进行控制，执行通风系统预定的运行模式或向车站下达大、小系统和水系统各种运行指令；车站级控制装置设置在车站控制室，在正常情况下监视本站的隧道通风，空调大、小系统及水系统，向中央控制传达本站设备信息，并执行中央级控制下达的各项运行指令。在中央级控制工作站的授权下，车站级工作站可作为本车站的消防指挥中心，执行中央级工作站下达的所有防灾模式指令；就地级控制设置在各车站的环控电控室，具有对单台环控设备就地控制功能。

6．屏蔽门系统

（1）屏蔽门系统的组成

屏蔽门系统是由门体结构、门机结构、控制系统、电源组成（如图 1-11 所示）。门体结构包括支撑结构、门槛、固体门、滑动门、应急门、端门及顶箱等部分。门机结构包括门控单元、电动机与减速箱组件、传动副、门锁紧装置、应急门检测开关、金属电缆槽等部分。控制系统包括系统级、站台级及就地手动三级控制。

图 1-11　站台屏蔽门

（2）屏蔽门系统的功能

屏蔽门将车站站台公共区与轨行区隔离，降低车站空调系统的运行能耗，减少列车运行噪声及活塞风对车站站台候车乘客的影响，为乘客提供一个更加舒适、安全的候车环境；同时能防止人员跌落轨道产生意外事故，为以后车辆的无人驾驶创造条件。

7．照明系统组成及功能

（1）照明系统的组成

照明设备由正常照明和应急照明和广告照明组成；正常照明分为运营照明及夜间照明。

（2）照明系统的功能

运营时间照明是保证车站正常运营时的照明，有公共区域的一般照明、标志照明、广告照明、诱导照明及设备管理用房照明；夜间照明（节电照明）是指运营结束后，为了保证车站的夜间作业能够正常进行，对公共区执行的节电照明（如关闭广告照明及标志照明等）和设备管理用房的照明。照明设备要求亮度差别不能太大；有安全和舒适的感觉；光色和安装位置不能导致和信号图上混淆。

应急照明是车站正常照明发生故障时，为疏散乘客提供必要的照明，通常由蓄电池提供，当正常照明停电同时应急照明立即启用，一般可维持半小时左右。

车站照明控制可分为车站控制室遥控和就地控制两种方式。车站控制室一般设有一般照明控制盘，通过按钮控制降压站内照明柜可以实现对站台、站厅一般照明、节电照明和区间隧道照明的集中控制。就地控制又分为集中控制和分散控制，集中控制是指在降压站内可对各类照明根据需要进行集中的控制；分散控制是指各设备及管理用房进门处设有就地开关箱或盒，可控制相应的设备及管理用房的一般照明。

8. 闭路电视监控系统的组成及功能

（1）闭路电视监控系统的组成

闭路电视监控系统由车站电视监控系统及控制中心集中监控系统两大部分组成。车站闭路电视监控系统主要由站厅、站台摄像机、监视器和控制键盘、视频交换机柜及测试监视器和控制键盘等部分组成。控制中心闭路电视系统为控制中心各种高度设立多台监视器和相应的控制键盘。

（2）闭路电视监控系统的功能

闭路电视监控系统能够及时地向有关人员提供各车站各部位的安全情况和客流动态，列车停站、启动，列车门开启、关闭等信息，以实时监视列车的运行情况及乘客的安全。

9. 火灾报警系统（FAS）的组成及功能

（1）车站级 FAS 的组成

车站级 FAS 由控制盘、车站级图行命令中心图形及各种外围设备组成。控制盘是系统的中央大脑，综合处理各种数据信息，作出火警判断，发出声、光报警，启动相关消防设备动作并监视其状态。图形命令中心是采用工业计算机，LCD 液晶显示，提供良好的人机界面。外围设备是指火灾探测设备（如感烟探测、感温探测及复合型探测等）、报警设备（如光、声报警等）及灭火设备（如喷水、喷气等）组成。

（2）火灾报警系统的功能

火灾报警系统主要是在第一时间内，将探测器监测到的火灾情况及时传输给报警系统和自动灭火系统。自动报警系统以灯光信号和报警铃声及时反映到控制面板，提示值班人员。而自动灭火系统在得到信号后，切断所有可能有助于燃烧的工作设备，如空调、通风机组的电气线路。同时，接通消防专用设备的工作电路，启动有关消防设备，如排烟风机、防烟垂壁、管道排烟阀。关闭电动防火门、防火卷帘门，接通火灾事故照明灯、疏散标志灯等。

火灾报警系统在最大程度上减少了火灾带来的财产损失和人员伤亡，是轨道交通必不可少的设备设施。

课后思考

1. 叙述车站的分类及其功能。
2. 从使用功能来看车站的组成部分有哪些?
3. 叙述车站的客运服务设备设施及其功能。
4. 车站客运组织工作的主要内容有哪些?

任务二　车站的平面布置

学习目标

（1）掌握车站出入口及通道的布置要求；

（2）掌握车站站厅层的布局要求；

（3）掌握车站站台层的布局要求。

学习任务

画出某一地铁车站的公共区的平面布置图，并分析其特点。

教学环境

多媒体教室。

理论模块

城市轨道交通线路一旦建成，将对整个城市居民的出行方式和特点有较大的影响。因此线路位置的设计要充分考虑沿线吸引范围内乘客的便捷因素，同时车站一般都要设置在市区居民集中的地点、沿城市主要交通干道的路口、商业繁华地段以及主要工业区等人流集中的地点。

城市轨道交通车站的出入口及通道、站厅、站台及站内的客运服务设施的布置对车站的客运组织工作有很大的影响。

一、车站的总体设计原则

车站的总体方案设计需要重点考虑其功能的需要。

1. 以换乘为主要功能的车站，应考虑乘客的换乘条件，尽可能减少换乘距离，并留有足够的换乘能力；

2. 接驳大型集散点的车站，要考虑突发性客流特点，留有足够的乘客集散空间，并创造快捷的进出站条件；

3. 有列车折返运行需要的车站，以列车在车站的运营能力为主，考虑车站的配线设置以及由此带来的车站站位及平面布局的变化；

4. 有与建筑物开发相结合要求的车站，应考虑结构的统一性，并分清各种客流的流向，要使进出站客流有独立的通道，并尽量减少与其他客流的交叉干扰；

5. 有其他特殊功能需要的车站，包括远期需进一步延伸的起点站、与其他交通系统的联运站等，应考虑留有后续延伸的余地。

二、车站的平面布置原则

1. 以车站上下行远期超高峰小时设计客流量来确定车站的建筑规模，根据线路走向及换乘要求确定站台的形式；

2. 依据站内的空间结构及设施的情况进行合理布局，力求减少乘客走行距离，避免流线交叉干扰，避免流线迂回，同时应考虑紧急疏散的需求；

3. 站内设备的设置应以乘客流动顺畅为原则，方便乘客办理乘客乘车的手续及满足乘客其他出行需求，力求经济合理、节约用地。

技术模块

一、出入口及通道

1．出入口的布置

车站出入口是车站的门户，除了功能设计需要科学先进外，还需要具备美观大方等艺术特点。出入口是地面乘客与城轨车站的衔接口，也是城市轨道管理辖区的分界点。出入口应设置在道路两边红线以外或城市广场周边较为明显的位置，出入口外一定距离内一般都设有一定数量和类别的导向标志，以吸引客流，并引导乘客的出行。

（1）位置

单独设置的车站出入口的位置选在城市道路两侧、交叉口及有大量人流的广场附近。出入口宜分散均匀布置，以便最大限度地吸引乘客。如果地铁车站设在地面街道十字路口下方，地铁出入口分别设在十字路口的四个角。如果是两条以上道路交叉口下方，为避免乘客和行人横穿马路，一般应在各个角都设置出入口，如香港地铁的车站出入口最多可达十几个。如果车站位置在社区附近，则出入口位置尽量设在靠近社区出入口，最大限度方便居民乘车。

车站出入口的位置一方面要考虑到地下通道的顺畅，同时又不宜过长；另一方面也要考虑能均匀地、尽量多地吸纳地面客流。另外，车站出入口还应尽量与地面交通车站、停车场靠近，形成较佳的换乘组合。此外，出入口被称为生命线，还应考虑防灾设计要求。

（2）数量

车站出入口的位置确定以后，不管是地下车站还是高架车站，出入口的数量设置也很重要。《地铁设计规范》规定："车站出入口的数量，应根据客流需要与疏散要求设置，浅埋式车站不宜少于 4 个出入口。当分期修建时，初期不得少于 2 个。小站的出入口数量可酌减，但不得少于 2 个。"

2．通道的布置

乘客从车站出入口到站厅层或从站厅层到站台层需要通过一定的通道，通道是联系城市轨道交通车站出入口和站厅层的纽带。通道的设计应以乘客流动的路线为主要考虑依据，遵循尽量减少进出站乘客流线的交叉干扰和最大限度缩短乘客从出入口到站台的走行距离。通道主要由楼梯、电梯和步行道构成。

（1）楼梯

有些车站从出入口到立体一层的通道为步行楼梯，进站客流与出站客流混用，对客流组织不利；有些车站有步行楼梯也有自动扶梯，自动扶梯有效地将进出站客流引导分开，避免对流或拥挤。

楼梯的坡度设计也很重要，坡度太大会造成乘客的疲劳感和不安全感，坡度太小会增加车站占地面积和施工的工程量。因此应科学地设计坡度，当楼梯台阶数量多时，在不同阶段设置缓解平台，同时应尽量减少工程量和占地面积。

楼梯一般采用26°～34°倾角，其宽度单向通行不少于1.8m，双向通行不少于2.4m，当宽度大于3.6m时，应设置中间扶手，且每个梯段不宜超过18步。

楼梯在车站发生紧急情况时，主要用于车站向外疏散乘客，所以车站楼梯平时应保持畅通，任何物品不得堆放在楼梯处，任何人员不得滞留在楼梯处。

（2）电梯

电梯是垂直电梯、倾斜方向运行的自动扶梯、倾斜或水平方向运行的自动挪动人行道的总称。

自动扶梯：每座车站至少有一个出入通道设置自动扶梯；当通道提升超过7.2 m时，宜设置上行扶梯；提升高度超过10m时，宜设置上下行扶梯；站厅层与站台层应设置上下行扶梯；客流量不大且高差小于5m，可用楼梯代替下行扶梯；自动扶梯一般采取30°左右倾角，两台相对布置的自动扶梯工作点间距不得小于16m，扶梯工作点至前面影响通行的障碍物间距不得小于8 m。

垂直电梯：一般设置在站厅到站台之间，主要是方便残疾人通过站台乘车。

轮椅升降机安装在车站站厅到地面的步行楼梯一侧，提供给从轮椅的乘客上下楼梯使用。

水平方向运行的自动挪动人行道一般设置于换乘走行距离较长的通道，可以减轻携带较大较重行李的乘客在换乘走行时的疲劳。

二、站厅层布置

站厅层的作用是将进出车站的乘客迅速、安全、方便地集和散，它是一个过渡空间。因此站厅应依据车站内部结构及设施配置情况合理布置管理用房、设备用房及站厅内的客运服务设备，应注重分区明确，避免和减少进出客流的交叉干扰，同时应考虑突发性客流特点，留有足够的乘客集散空间，创造快捷的进出站条件。

站厅层的合理布局方式主要取决于车站的售检票方式（人工、半自动和自动售检票）。

一般站厅有两种布置方式：一种分别在站台的两端上层设置站厅如图1-12（1）；另一种是在站台上层集中布置，如图1-12（2），有些地铁还可以考虑与地下商业建筑连接起来一起布置站厅。

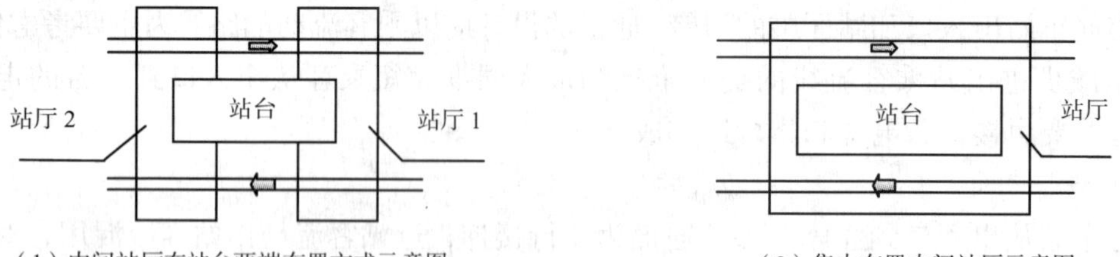

（1）中间站厅在站台两端布置方式示意图　　（2）集中布置中间站厅示意图

图1-12　站厅布置方式

1. 站厅层公共区布局

站厅公共区是乘客集散的区域，由进出站检票机分隔为站厅非付费区和站厅付费区。进站乘客在非付费区完成购票通过检票设备进入付费区；出站乘客通过检票设备进到非付费区后出站。

站厅非付费区内除了设置必要的售检票设备（如 TVM 和 TCM）外，还可以根据站厅面积大小设置商铺、自助银行、公用洗手间、自动售货机、公用电话等便民设备设施，同时还应合理的布置相应导向标志，布置原则以不影响乘客流动为首要条件。

站厅层的自动售检票终端设备应按乘客进出站的流动方向合理布置，向乘客提供购票、检验车票等服务，图 1-13 为某地铁站站厅层自动售检票终端设备布置示意图。

自动售检票终端设备应按乘客流动方向进行布置，应尽量避免流线交叉干扰。按照进站乘客流动的路线特点，有一部分乘客从出入口进站后首先需要买票，所以售票设备一般会设在站厅非付费区内。另外，售票设备的设置还应考虑车站规模大小来配备。考虑车站出入口特点，每个出入口基本都是双向使用，因此，自动售票机如果设在出入口进站客流一侧，虽然方便了乘客购票，但客流量大时会造成进出客流拥堵；另外，若售票机配置数量太多又分散，则将会增加投资，造成一定程度的浪费。所以自动售票机的放置位置及配置数量既要考虑方便出入口乘客购票，也要考虑车站设备的利用率，其设置位置根据每个车站站厅层的规模和结构，集中摆放在一个或两个区域，尽量避开直接进站上车无须购票的乘客流线和出站乘客流线。同时，售票区域大小应留有余地，以满足客流高峰时期的需要。

半自动售票机一般放置在车站站厅的客服中心内，可以对付费区和非付费区的乘客提供购票、充值、兑零及处理问题车票的服务。客服中心的设置应不占用通道，在保证流线畅通的情况下，尽可能将客服中心设置在流线的一侧。

自动检票机安装在车站付费区和非付费区的分界处，其设计与安装应符合乘客右手持票的习惯。自动验票机是乘客自助查询设备，一般安装在车站的非付费区，为乘客提供车票自动查验服务，可查询车票的有效性、类型及余值。

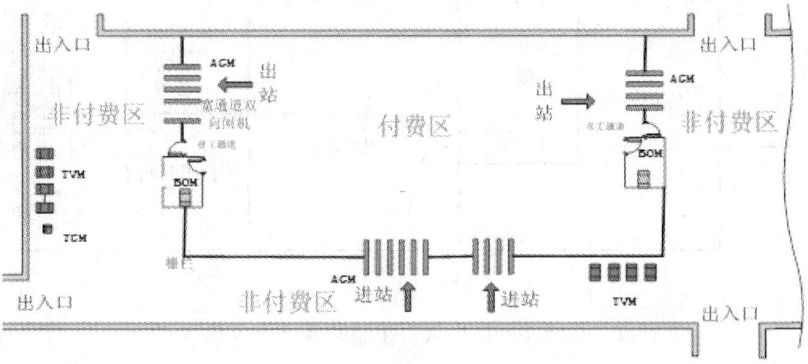

图 1-13　站厅层自动售检票设备布置示意图

2. 站厅层设备区布置

站厅层设备区主要有设备用房、管理用房及辅助用房。设备区基本分设于车站两端，一端大，一端小，中间作为站厅公共区。设备用房是安置各类设备、进行日常维修及保养设备的场所；管理用房的设置应结合车站客流规模和业务量来具体设置，如果业务量比较大的车站，可考虑将特殊票务业务的服务用房和办理咨询用房分开设置。其他用房如洗手间、更衣室等以方便使用的原则来设置。图 1-14 为某地铁地下站站厅设备区布置示意图。

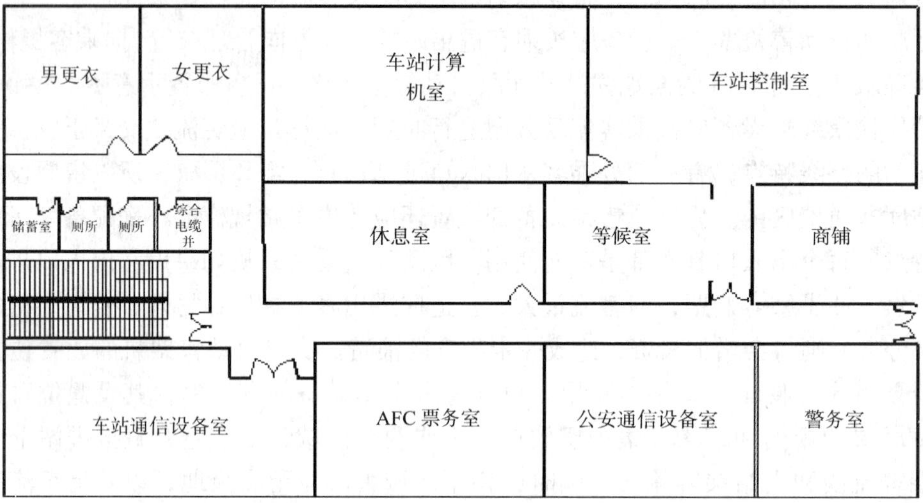

（站厅 A 端）

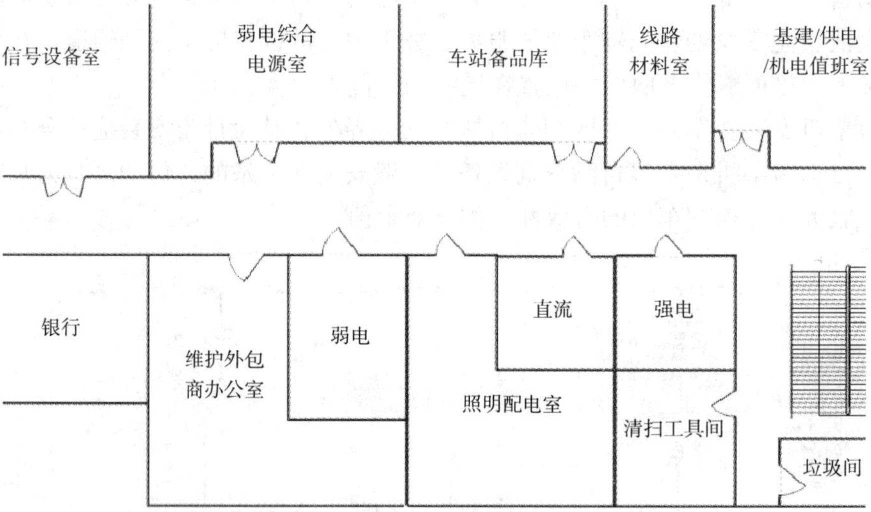

（站厅 B 端）

图 1-14　某地铁站厅层 A、B 端设备区布置示意图

三、站台层布置

站台主要是供列车停靠、乘客候车及乘降的区域。站台也分为公共区和设备区，一般两端为设备区，中间为公共区。站台公共区主要用是乘客候车、上车及下车区域，有站台监控亭、乘客坐椅、公用电话、立柱及防护设施等。站台设备区主要有设备用房及辅助用房等，图 1-15 为某地铁站的站台平面布置示意图。

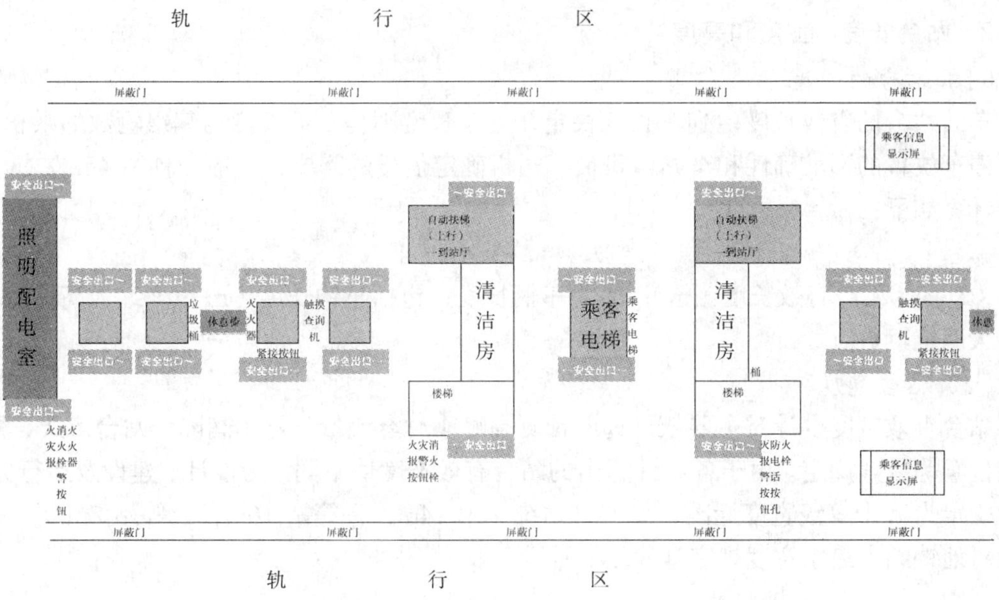

图 1-15　某地铁站岛式站台平面布置图

站台需根据线路走向及换乘要求确定站台类型，以车站上、下行远期超高峰小时设计客流量来计算站台的长度和宽度。

1. 站台的类型

车站站台按站台与轨道线路的位置关系，站台形式可分为岛式站台、侧式站台、混合式站台。

（1）岛式站台

岛式站台是上、下行线路分布在站台两侧的站台，站台两端有供乘客上下的楼梯通到站厅，岛式站台面积可以充分利用，乘客换乘方便，乘客容易乘错方向，且客流较大时易造成乘客的拥挤，如图 1-16（a）所示。

（2）侧式站台

侧式站台是站台分别分布在上、下行线路的两侧的站台，乘客乘降车互不干扰，不易乘错方向，站台横向扩展余地大，如图 1-16（b）所示。

（3）混合式站台

混合式站台是既有岛式站台，又有侧式站台的混合站台。从运营方向看，车站采用混合式站台，乘客可同时在两侧上下车，能缩短停靠时间。如图 1-16（c）所示。

（a）　（b）　（c）

图 1-16　站台的类型

2. 站台长度、宽度和高度

（1）站台的长度

车站站台的有效长度由列车长度决定，列车长度则是车辆长度与编组辆数的乘积。考虑到停车位置的不准确性和车站值班员、司机确定信号的需要，一般需预留 4m 左右。

计算如下：

$$L_{站台}=l_{车}\times n_{编}+4$$

式中，$L_{站台}$为站台有效长度（m）；$l_{车}$为车辆长度，包括车钩长度（m）；n 编为高峰时段设计最大编组辆数。

（2）站台宽度

站台有效宽度设计时主要依据远期预测高峰小时客流量、行车间隔、站台形式、楼梯/扶梯位置等因素确定。由于各站计算出的站台有效宽度值不同。为设计、建设及运行方便，一般确定为 n 个等级宽度标准，如特等站统一用 14m，一等站 10m，二等站 8m 等。设计规范对地铁站台最小宽度规定如表 1-1 所示。

表 1-1　地铁站台最小宽度

站台形式		站台最小宽度（m）
岛式站台		8.0
无柱侧式站台		3.5
有柱侧式站台	自动扶梯	2.0
	自动人行道	3.0

按地铁客流组织经验，由于站台有效面积每平方米容纳的乘客数量有限，无屏蔽门站台应控制在 2 万人左右，有屏蔽门站台应控制在 4 万人左右，客流密度太大对舒适性和安全性都有影响。

（3）站台高度

站台高度指站台到轨顶面的高度，与车型有关。站台与车厢地板面同高，称为高站台；站台比车厢地板面低一、二个台阶，称低站台。我国生产的轻轨样车，车厢地板面到轨顶面的高度为 950mm，车辆第一踏面距轨顶面 650mm。采用高站台时，考虑到由于车辆弹簧的挠度，在最大乘车效率时，车厢地板下沉的范围 100mm 以内，故高站台高度宜低于车厢地板面 50～100mm 为宜。所以，站台高度 900mm 为高站台，650mm 或 400mm 为低站台。

3. 站台的立柱及其防护设施

站台的立柱是站台建筑的一部分，根据车站规模的大小其设置数量也不尽相同。立柱位置设置应考虑不占用乘客通道，尽量避免遮挡乘客或工作人员的视线，同时车站可以很好地利用立柱的表面积来完成其他功能，如紧急停车按钮、导向标志、宣传牌、广告等的设置。根据站台宽度的不同，有些车站设置双排立柱，有些车站设置单排立柱。

站台上的安全护栏、屏蔽门及安全门都是为了保证乘客在站台上乘降安全的需要而设置的，安全护栏和屏蔽门的设置根据车站具体情况而定。屏蔽门相对护栏造价要高，但安全程度也高，适合在地下车站设置；安全护栏虽然造价低，视线也较开阔，但还是存在安全隐患，适合在高架站或地面站设置。

四、导向标志布置

1. 导向标志的设置要求

（1）位置适当

导向标志应设置于容易看到的位置，方便人们看到或做出抉择。同时，还要在付费区域或非付费区域的交界处、地下建筑延伸到地面的地方，以及客服中心、有拐弯的地方设置，以免使人迷路或者不安。

（2）有连续性

导向标志连续地设置，加强了人的认知与记忆的程度和深度，直到人们到达目的地，其间不能出现标志视觉盲区，但要注意的是，标志之间的距离要适当安排，过长则会缺乏连贯及序列感，过短会造成视觉过度紧张，可视性差。在无岔路的直通道，一般在20～30米应重复设置一次，以免乘客产生“是否正确”的疑问。例如，某地铁车站为了引导和组织乘客乘车，从进站处到乘车处的所有过程和通道，都设有不同功能的导向标志。

因此，导向标志的设置位置从车站外部沿出入口、站厅、站台一直到车辆是连续不断布置的。其设置位置如下：

车站外部——站名牌、站位图、线路图、出入口导向图等。

站厅部——售票、检票方向指示、价格表、车站周围示意图、紧急出入口等。

站台部——车站各种用房标志、时间表、线路图、显示列车到达时刻及目的地等信息的电子导向牌、出入口导向图等。

车辆内外部——车辆运行方向、区间标志（车头、车侧）、车号、车辆到站的标志（车内、门上部）、禁止靠车门、防止夹手标志、禁止拉动标志、乘客禁止入内标志等。

楼梯、自动扶梯等通道——方向标志、换乘标志、注意脚下、注意头部标志等。

（3）一致性原则

标示要尽量设置在一致的位置上，如固定在天花板上的方向标志，不仅仅是同一个车站，一个城市所有的车站如无特殊理由都应设置在一致的位置，这样人们不需要搜寻整个空间，而只需要注视部分固定的区域即可找到方向标志。

（4）安全性原则

由于部分车站连接各大商业圈，地下商场人员较多，火灾潜在的危险性较大，所以疏散指示标志的设置对人员的疏散具有重要作用。火灾时的烟雾较轻积聚在上方，会遮挡上部的标志或妨碍识别，因此，在疏散走道或主要疏散地面上或靠近地面的墙上设置发光疏散指示标志。

（5）有一定的特殊性

由于地下建筑相对封闭性的特点，处于地下空间中的人会需要相对于地上空间更多的信息才能满足需求，如地上空间的一个简单的出入口标志，在地下，则需要标明所对应的地上的确切位置。如一个区域中心地面上的图案，出入口处表现地上建筑外部环境真实场景的巨幅照片。

2. 导向标志的设计要求

（1）要醒目

标志视觉上一定要醒目，重要的标志要能达到对人的视觉有强烈的冲击效果。例如，使用图形上的强烈对比来使人注意。醒目的另外一个方面是标志上文字、符号等要足够大，以便人们能从一定的距离以外就能看到、读出。但是字的大小是相对的，视具体情况而定，不能盲目地一味求大，而忽略了整体的协调性。还有就是颜色，对于刺激视觉来说，颜色是最直观的一种方法，每种颜色都能给人一种不同感觉，使用鲜明的颜色或者强烈对比的颜色都有突出的意味，但要注意整体的协调。

（2）有规范

标志的规范是指用以表达方向诱导标志信息内容的媒体，如文字、语言、符号等必须遵循国家的规范、标准以及国际惯例等，使人们易于理解和接受。

（3）有区别

导向标志必须和其他类型的标示，诸如广告、告示、宣传品、商业标志和其他识别标志等区别开来，并且具有优先权。商业广告不能遮挡导向标志，并且在色彩、设置位置等各方面都要顾及导向标志。

（4）要简单便利

简单是指导向标志上的词句必须精明、明确，用最少的文字和图形来表达复杂的意思，让人一目了然；便利是指人们在正常移动的情况下就能阅读和理解标志上的内容。

（5）保证信息质量

对于公共信息类标志应保证信息的可靠性，应保证与实际情况相符。如列车时刻发生变化时，应及时更新；如果车站周边的其他交通方式或商业环境发生变化时也应及时更新相应的地图等。

（6）要考虑乘客个体差异

车站内的导向标志要考虑乘客各种差异，尽量照顾到所有的人群，包括一些特殊人群。如香港地铁、深圳地铁为盲人服务的导向标志就很人性化。比如，在车站出入口安装“视障人士触摸地图”，如图 1-17 所示。

图 1-17　深圳地铁视障人士触摸地图

实操模块

[实训任务] 画出某个地铁车站站厅、站台的平面布置图。
[实训目的] 掌握地铁车站内设备设施的布置，准确掌握站厅站台内设备设施所处位置。
[实训要求] 掌握车站平面布局的原则及要求。
[实训环境] 多媒体教室。
[实训指导] 指导学生如何在现场观察车站站厅层的布置；指导学生如何去铺画平面图。
[实训考评] 平面图上内容全面，口述所画车站平面布置的特点。

课后思考

1. 城市轨道交通车站平面布置原则。
2. 城市轨道交通车站站厅自动售检票设备布置特点。
3. 城市轨道交通车站站台形式特点。
4. 城市轨道交通车站站内导向标志的设置要求。

任务三　车站的管理模式及管理制度

学习目标

（1）掌握车站管理模式；
（2）掌握车站管理制度。

学习任务

能够描述车站的管理模式及管理制度。

教学环境

多媒体教室。

理论模块

一、车站的管理模式

城市轨道交通车站是由值班站长负责车站内的日常管理事务，其上级是中心站站长，一般情况，中心站管理模式下，以几个车站为一个单位进行日常工作管理。岗位体系实行层级负责制，由上至下顺序为：中心站站长、值班站长、值班员（客运、行车）、站务员（厅巡、站台、售票）。部分城市轨道运营企业的中心站管理模式下，在自然站设置一名副站长，以便于更好地加强车站生产组织与协调。中心站管理模式下，车站的层级管理框架及车站岗位设置情况如图 1-18 所示。

城市轨道交通车站内的工作人员除了隶属于本站的站务人员外还有非车站的工作人员，包括保洁、各专业驻站维修人员、地铁公安、地铁保安、商铺工作人员及其他正在车站工作的地铁员工等。

站内各单位之间是合作的关系，中心站成立以中心站站长为组长，警务班负责人为副组长、各单位负责人为组员的综治小组。综治小组的主要任务有：每月至少组织一次集中会议，协调车站内的综合治理工作；综治小组成员相互通报相关信息，尤其在重大节假日前，站务应将有关运营服务信息及站内客运应急方案通报各单位；综治小组应定期组织各单位参加消防检查或应急演练。

车站出现突发应急情况时，车站内各单位员工应积极配合站务人员，在车站当班负责人的调配下参与应急处理。

车站的站务人员有属地管理的权限，即对进入车站的乘客按公司规章进行管理，对车站地域范围内非站务工作人员有监督检查的权力，中心站（副）站长或当班值班站长在紧急情况下，可调动在车站范围内的非站务工作人员，参与车站紧急情况下的应急处理。

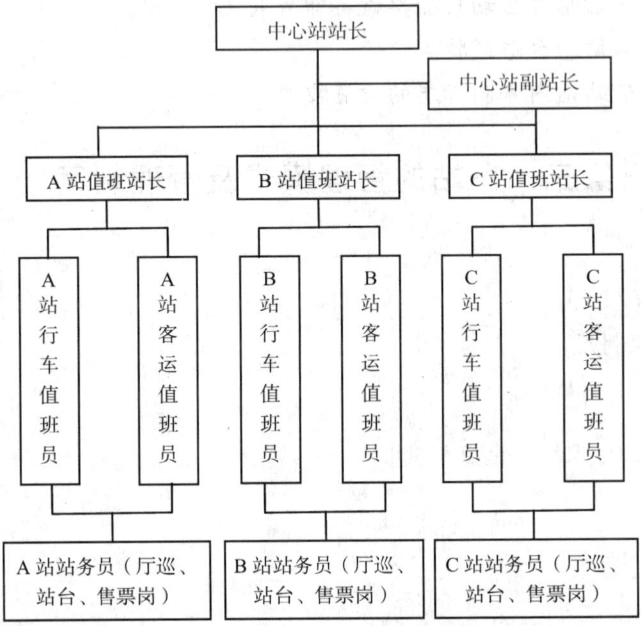

图 1-18　车站的层级管理架构图

二、车站的管理制度

1. 排班管理制度

轨道交通车站按照工作需要对车站各岗位实行定员、定岗，紧凑、合理、科学地排班，确保能以精简的人员满足运营需要。

车站一般采用轮班制，车站员工根据排班表的安排上岗。车站排班一般按定员定岗标准执行，不能擅自增加或减少岗位。特殊情况下，如临时改变行车方案或大客流需做合理化调整时，需及时通知员工并上报上一级领导。排班时，要注意执行国家《劳动法》的规定，每月确保员工休息时间符合国家规定，班与班的时间间隔至少有 12 小时。排班时要考虑新老搭配、业务搭配和性格搭配。员工因个人原因调班时，一般要提前提出书面申请并说明原因，经批准后方可调班。要求员工上岗必须持有本岗位资格证，不允许低岗顶高岗。

2. 信息汇报制度

车站每天都有大量生产信息需要向外反馈，因此车站必须有清晰的汇报流程，以确保信息的反馈能及时有效并得到合适的处理。

车站通常要汇报的信息可分为一般生产信息和重要或紧急情况信息两类。一般生产信息可以每天汇总，按规定逐级反馈到部门处理；发生重要或紧急事件时，由车站当班值班站长根据事件的具体情况，按相关规定立即向相关负责人进行汇报，并做好记录。一般信息汇报实行逐级汇报，由下至上的顺序依次为：站务员—值班员—值班站长—站长。在非正常情况下可越级汇报。

3. 会议制度

为了传达近期工作重点和重要文件精神，总结本班运营工作情况，培训相关知识，轨道交通车站一般在早班和中班员工交接之前召开车站交接班会议，确保重要生产信息的传递顺畅，保障车站各岗位员工明确各项生产任务的目标、要求。当班值班站长是车站交接班会议的组织人。车站的交接班会议是车站当班员工获知各种信息的重要途径，也是培训、学习业务知识的关键时机。

轨道交通车站除了交接班会议外，通常还设有全站员工大会、综合治理会、专题会议等。

4. 巡视制度

轨道交通车站作为一个开放型的公共场所，服务对象的群体具有流动性、临时性、复杂性、不确定性等特点。为保证运营时间各种设备设施的正常运行，确保正常的运营服务，车站各层级人员均需要在日常工作中进行巡视，以保证场所、设备设施、人身及财产的安全。

轨道交通车站通常对车站巡视工作制定制度，明确各岗位的巡视范围和巡视要求。巡视可以根据内容的不同分为人员服务、设备和设施、治安情况和乘客动态等。人员服务主要包括人员的服务态度、仪容仪表、作业流程等是否符合车站的相关管理规定。设备设施主要包括各种设备和设施的运行状态是否有异常等。治安情况主要包括车站的保卫和综合治理情况等。乘客动态主要包括乘客候车情况、客流情况及乘客所携带物品情况等。巡视人员在巡视前和后应及时通知车站控制室，并注意做好个人人身安全的防护。在巡视过程中，发现问题不能现场解决时，应及时报告车控室的值班人员，由值班人员来安排处理，不要与外部人员发生冲突而导致事件升级。

5. 文件管理制度

文件是轨道交通车站日常管理中涉及内容最多的一项，也是生产信息传递的重要形式。同时，文件、规章是轨道交通车站日常运作的“指挥棒”。为了规范车站的文件分类、归档、更新以及保管和使用等内容，轨道交通车站一般都制定管理制度，并由车站专人负责进行分类、归档管理工作。

在轨道交通车站，文件通常按照安全、票务、服务、人事、党群、基础管理等类别进行分类，尤其需要重视的是对各类规章的管理，如修订、更新等，以避免由于管理不善而导致生产环节出错。

6. 钥匙管理制度

轨道交通车站的结构布局通常比较复杂，设有多个设备房间来满足正常运营需要。为此，车站的设备房间管理来得尤为重要。为了保证设备的正常运作，日常工作中设备的维修人员以及设备使用人员经常需要进出设备房间，因此要保证车站设备用房钥匙的状态正常、良好。

为确保安全及紧急情况下快速处理，车站通常要保留站内所有设备与管理用房的钥匙用于日常使用，并保留一套备用钥匙，以便发生紧急情况时供车站应急处理使用，车站任何房间的开启必须得到车站同意，由使用人员向车站借用相应钥匙，用完后及时归还。车站的钥匙应分类存放，日常使用一般由车控室行车值班员负责保管，借用归还要做好相应登记；备用钥匙一般由值班站长负责保管，如图 1-19 所示。

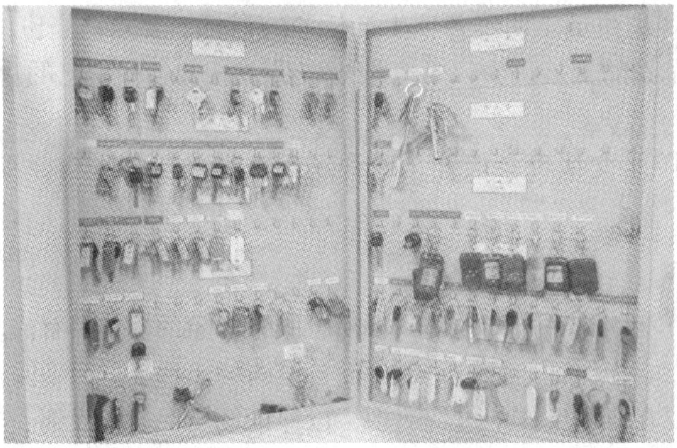

图 1-19　车控室钥匙柜

轨道交通车站都会定期安排人员进行设备房间钥匙的测试，发现无法使用的钥匙及时更换，避免紧急情况下无法打开设备房门而造成更大的损失。

7. 车控室管理制度

车控室是车站监督、指挥车站运作的核心地方，车控室内集中了车站设备控制系统以及行车指挥系统等重要设备，因此必须严格管理，确保车控室内的人员和设备安全可控，如图 1-20 所示车控室综合后备盘（IPB）上的车站设备控制按钮及开关及车站的综合控制系统。

车控室的工作人员不能超过 3 人（除特殊情况外），车站员工除了工作原因必须进入车控室外，不能以其他理由进入车控室；非站务员工到车控室进行施工清销点作业或借用物品时，不可多人进入车控室，只派一人到车控室办理相关手续，其他人员在通道门外等候，施工工具不能携带进入车控室；进入车控室人员禁止大声喧哗、吵闹，严禁擅自启动、操作任何设备、设施；车控室值班人员作为车控室的负责人，负责车控室的安全，要对进入车控室的人员做好监控，如发现违规，及时制止。

图 1-20　车控室综合后备盘及控制系统

8．考评管理制度

为了增强车站员工的安全生产意识，提升员工的服务意识，维护正常的生产秩序和工作秩序，促进车站员工队伍的良性发展，通常需要建立员工绩效考核评价体系，对员工的工作量、工作态度、岗位技能、安全与纪律等几个方面进行考核与评价，评价结果运用于车站员工的晋级及续签劳动合同等工作中。

拓展模块

1．城市轨道交通运营管理系统组成

城市轨道交通运营管理系统可按功能分为两个子系统进行管理（见图 1-21）：一个是体现城市轨道交通基本功能的旅客运输服务系统，主要任务是组织列车运行和进行客运服务；另一个是运营保障系统，主要是运营设备维护修理体系，它的任务是确保线路、供电系统、车辆、通信信号设备、机电设备等系统状态良好，使城市轨道交通系统安全、可靠、高效地运行。

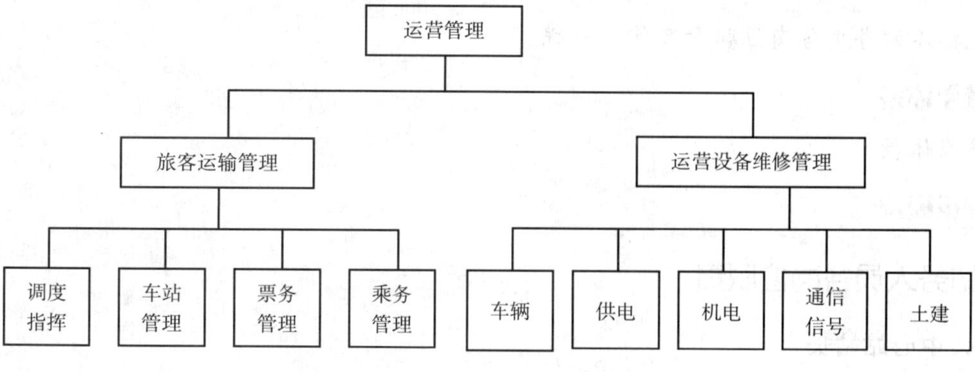

图 1-21　城市轨道交通运营管理系统

2．控制指挥中心（OCC）组织架构

控制指挥中心是城市轨道交通系统的核心，负责全线的高度指挥工作，客运组织以及设施保障部门的运营组织生产工作必须以调度指挥机构的组织计划与组织命令为依据而进行。城市轨道交通系统由 OCC 统一指挥，各个部门协调运作，保证列车安全、正点运行。控制指挥中心（OCC）组织机构如图 1-22 所示。

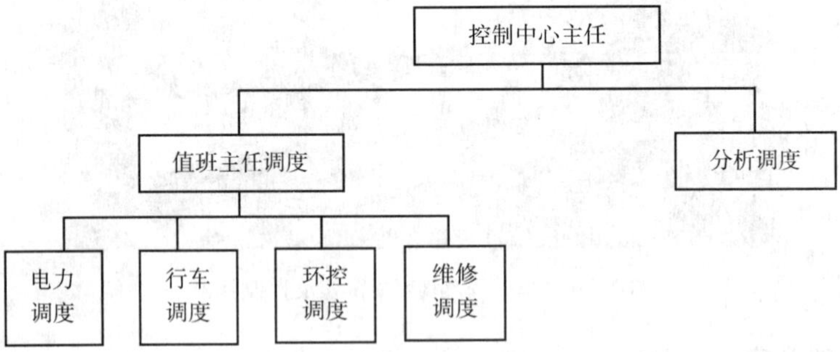

图 1-22　控制指挥中心结构图

课后思考

1. 车站的管理模式是什么？
2. 车站的管理制度有哪些？

任务四　站务人员各岗位职责及作业流程

学习目标

（1）掌握车站各岗位职责；

（2）掌握车站各岗位工作流程。

学习任务

能描述站务员各岗位职责及作业流程。

教学环境

多媒体教室。

理论模块

一、站务人员各岗位职责

1．中心站站长

中心站站长组织领导辖区各站员工开展车站的全面运作。主要岗位职责有以下几点：对车站行政管理工作负责，按照上级下达的工作目标和相关工作要求，制订工作计划，合理安排资源，落实各项工作；对中心站与总部各级管理层的协调负责，根据工作需要，及时与相关单位沟通，反馈工作开展情况，确保合作顺畅，为车站员工提供良好的工作环境，解决车站相关问题；对车站各项基础管理工作负责，贯彻和细化各项基础管理制度，并定期对执行情况进行检查；对车站各业务网络管理工作负责，贯彻和细化各网络工作管理制度，并定期对执行情况进行检查。

对车站综合治理小组工作负责，与地铁公安、保洁班等驻站单位保持联系，定期召开会议，确保与各单位的合作畅顺；对车站的安全管理工作负责，担任车站消防安全负责人，建立车站安全生产网络，落实治安、消防工作要求，定期进行安全教育和安全检查，落实安全隐患的整改。

对本中心站所属员工管理负责，有岗位调整权、监督考核权、晋升推荐权，对车站员工奖金按考评规定进行拉差分配，指导、审核、检查中心站副站长和值班站长的工作落实情况，并提出改进要求；对车站员工培训工作负责，组织员工学习和贯彻相关规章制度，根据规定和上级要求，并针对员工工作需求，联络或组织相关培训，以提高员工的业务技能和职业素养，对培训方式和培训效果进行检查。

对车站客运服务工作负责，建立车站客运服务网络，监督车站乘客服务工作，处理乘客投诉、来信、来访及乘客纠纷；对车站票务管理工作负责，建立车站票务管理网络，监督检查车站票务运作。

对公司规章制度的贯彻执行负责，根据实际情况的变化，参与修改规章制度。对车站的班组建设和精神文明建设工作负责，定期对员工进行教育和沟通，掌握员工思想状况。

2．值班站长

值班站长作为车站当班期间的负责人，应服从中心站站长、副站长的领导，负责全站日常的行车、客运管理、乘客服务、事故处理工作。主要岗位职责有以下几点：

组织本班员工开展工作，负责监督、指导、检查、考核、教育本班站务人员，掌握员工思想状况，同时负责对车站地域范围内非站务工作人员进行属地管理。

负责本班运营组织工作，服从OCC的指挥，执行调度命令，合理安排岗位，协调各岗位工作，确保行车、设备、车站员工及乘客的安全；负责本班客运服务工作，指导车站员工的工作，处理乘客事务；负责本班票务工作，严格执行票务规章制度，确保本班票务运作顺畅；巡视、检查本班工作中的各项设备、设施状况，发现故障及异常情况及时处理和报告；同时负责监控和管理站内的施工安全。

加强治安、消防、应急预案的演练，并与地铁公安协作，共同搞好车站综合治理工作。

对突发、紧急情况下的处理工作负责，在车站发生异常情况及突发事件时，担任第一负责人，及时采取措施，控制局面，减少人员伤亡及财产损失，尽快恢复运营。

对本班员工的业务技能培训工作负责，组织实施车站培训工作，检查评定培训效果；对本站员工的奖罚、岗位调整、晋升有建议权。

负责本班台账的填写及相关数据的收集；对所保管的钥匙、备品、门禁卡、台账等负责；负责本班文件处理，并组织员工学习；对分管业务网络负责，按规定开展本网络各项工作，定期总结、汇报；有责任向中心站提出本人的建议和意见。

落实和执行公司各级的规章制度，及时按程序向中心站站长、副站长和上级部门汇报车站运作情况。

3. 值班员

（1）通用职责

在值班站长的领导下开展工作，并对当班站务员的工作进行监督、指导、检查；主动向值班站长汇报本班设备、设施运作情况和各岗位工作情况；落实和执行公司各级的规章制度；发生紧急情况，及时按有关预案处理和上报；有责任向本班组和中心站提出本人的建议和意见；完成上级布置的其他工作。

（2）行车值班员岗位职责

负责对当班的站务员和车站地域范围内的非站务工作人员进行管理；对本班行车组织工作负责，按有关规定操作和监控行车设备；对当班行车组织、施工登记及施工安全等工作负全面责任；负责监控本班工作中的各项设备、设施状况，发现故障及异常情况及时按有关程序和预案处理；负责掌握本站客流情况、乘客动态，处理乘客事务，做好广播服务；负责安排和监督各岗位按岗位流程工作，协调各岗位工作；发生紧急情况，及时按有关预案处理和上报；负责接听电话，传达相关信息；对所保管的钥匙、备品、门禁卡、台账等负责；负责在《当班情况登记本》上记录本班重要情况、交接班事项和其他按要求需要记录的内容。

（3）客运值班员岗位职责

客运值班员在值班站长的领导下，主管车站客运、票务管理，组织客运服务工作。其具体职责有：负责车站的营收统计工作，统计车票库存情况，及时申请调整库存车票种类、数量，负责各种票务收益票据填写及保管，在车站 AFC 票务管理室的票务处理终端输入相应的数据；负责车票的收发、回收及保管工作；负责安排补币、补票工作及车票回收箱的清理工作，安排票箱、钱箱的更换及清点工作，保管车站的车票、现金及部分票务钥匙并负责其安全，负责票务备品的完整、齐全和车站收益解行的实施和安全；对本班的票务管理工作负责，严格按票务规章和工作流程开展票务工作；负责安排并监督站务员的票务工作；负责处理本班与乘客相关的票务事务及服务事务。

4. 站务员

（1）通用职责

车站站务员在车站值班员的领导下进行车站日常工作；有权对本班车站内的非站务工作人员进行管理；按《乘客服务工作标准》的规定执行；对车站管理工作有权向本班组或中心站提出本人的建议和意见；制止并处理乘客违反法律法规和公司规章的行为；完成上级布置的其他工作。

（2）售票员岗位职责

负责本班客服中心的售票、充值工作；处理与乘客相关的票务事务；对填写的票务报表和当日票款收益负责；对本班客服中心内的卫生工作及安全工作负责；负责本班客服中心内的设备、备品的管理，客服务中心门随时处于锁闭状态；兼任厅巡岗或站台岗的必须履行相应岗位职责。

（3）厅巡员岗位职责

对本岗位巡视范围内的设备、设施的正常运作和卫生状况负责，确保设备、设施和车站卫生保持良好状态；回答乘客询问，解决乘客问题，帮助老弱、病和有困难及伤残乘客，并指引所持车票异常的乘客到客服中心进行车票的处理；留意站厅乘客动态，积极疏导乘客，防止人员拥挤，发现排长队或大客流时及时汇报；留意是否有精神异常、酗酒的乘客，禁止其进站乘车，严禁乘客携带“三品”及超大、超长、超重的物品进站；发现有故意损坏或偷窃站厅设备设施行为时及时制止和报告；在出入口、站厅范围发生治安、安全及客伤事件时，要保护现场，寻找目击证人；负责出闸机票箱的更换工作，协助客值更换TVM钱箱、票箱的工作；负责站厅边门的管理。

（4）站台岗岗位职责

对本岗位巡视范围内的设备、设施的正常运作和卫生状况负责，确保设备、设施和车站卫生保持良好状态；负责按站台“接发列车三步曲”接发列车，监视列车运行状态、候车乘客动态、乘客上下车的状态，处理在接发列车过程中发生的突发事件；及时提醒乘客注意安全，发现异常情况及时处理；当站台发生物品掉落轨道时，立即做好乘客引导和安抚工作，并及时汇报，按相应程序处理；对发生在的站台的客伤事件要及时汇报，做好乘客的安抚工作，并寻找两名及以上的目击证人；当站台发生物品掉落轨道时，立即做好乘客引导和安抚工作，并及时汇报，按相应程序处理。

二、站务人员各岗位作业流程

轨道交通运营公司应根据各车站的规模及客流量大小为车站配备一定数量的站务人员，鉴于各公司的管理及各城市的居民出行有一定的差异，本教材以某地铁运营公司车站各岗位的作业流程为例来介绍轨道交通车站站务人员各岗位的作业流程。

1．值班站长作业流程

值班站长实行“白—夜—休—休”的四班两运转，白班08：00～19：30，夜班18：30～08：30。夜班值班站长增加施工防护、组织演练、运前检查等工作。白班值班站长作业流程如表1-2所示，夜班值班站长作业流程如表1-3所示。

表1-2 白班值班站长作业流程

时　间	工作内容	工作地点
08:00-08:20	中心站早班会	中心站
08:30-08:45	更衣	更衣室
08:45-09:00	与交班值班站长交流，重点了解新文件、通知、命令；当班期间存在的问题、隐患及处理情况；生产中已完成和未完成情况。	站长室
09:00-11:30	按岗位职责作业	全站范围
11:30-13:00	负责当班员工轮岗用午餐	全站范围

续表

时　间	工作内容	工作地点
13:00-14:00	按岗位职责作业	全站范围
14:00-14:30	中班会准备	站长室
14:30-15:00	开中班会	会议室
15:00-17:00	按岗位职责作业	全站范围
17:00-18:00	负责当班员工轮岗用晚餐	全站范围
17:00-18:00	晚高峰服务	全站范围
18:30-19:00	监督客运值班员的交接工作	票务管理室
19:00-19:30	交班准备及与夜班值站交接班	车控室
19:30-20:00	签退下班	车控室

值班站长交接班注意事项：

a）交班前须检查所保管的钥匙、备品、门禁卡情况，检查各类台账，写好交班事项，做好交接班准备。

b）接班人签到后开始交接，交接时检查、清点钥匙、备品、门禁卡等，核对各类台账。

c）检查文件、邮件，核实交班人完成或未完成的工作，在接班中模糊、有疑点的问题要了解清楚。

d）完成交接后，接班人在交接班本上签名，交班人可签退，签名后如出现因交接不清的问题时由接班人负责。

表 1-3　夜班值班站长作业流程

时　间	工作内容	工作地点
18:10-18:30	提前到站，更衣	更衣室
18:30-19:00	了解新文件、通知、命令，与白班值站交接班	车控室
19:00-19:30	监督客运值班员的交接工作	票务管理室
19:30-20:30	按岗位职责作业	全站范围
20:30-22:10	收部分 TVM，做好施工预想	站厅及车控室
22:10-23:00	尾班车服务	全站范围
23:00-06:30	按岗位职责作业	全站范围
06:30-07:30	早高峰服务	全站范围
07:30-08:00	监督客运值班员交接班	票务管理室
08:00-08:30	与白班值班站长交接班	站长室
08:30-09:00	签退下班	车控室

2．值班员作业流程

地铁车站值班员实行“白—夜—休—休”的四班两运转，值班员有行车值班员岗和客运值班员岗。

（1）行车值班员作业流程

白班行车值班员作业流程如表 1-4 所示，夜班行车值班员作业流程如表 1-5 所示。

表 1-4 白班行车值班员作业流程

时 间	工作内容	工作地点
08:00-08:20	中心站早班会	中心站
08:30-08:45	更衣	更衣室
08:45-09:00	与交班值班员交流，重点了解新文件、通知、命令；当班期间存在的问题、隐患及处理情况；生产中已完成和未完成情况。	车控室
09:00-11:30	定期查看各种设备运行状态、温度和客流情况，发现问题及时按规定汇报	车控室
11:30-13:00	负责当班员工轮岗用午餐	车控室
13:00-14:30	中班会准备工作（核实各岗位到岗情况）	车控室
14:30-17:00	按岗位职责作业	车控室
17:00-18:00	负责当班员工轮岗用晚餐	车控室
18:00-18:30	晚高峰服务	车控室
18:30-19:00	交班准备及与夜班行车值班员交接班	车控室
19:30-20:00	签退下班	车控室

行车值班员交接班事项

a）交班前须检查所保管的钥匙、备品、门禁卡情况，检查各类台账，写好交班事项，做好交接班准备。

b）接班人签到后开始交接，交接时检查、清点钥匙、备品、门禁卡、车控室内设备等，核对各类台账。

c）接班人要详细了解《当班情况登记簿》、《调度命令登记簿》、《故障报修登记簿》上记录的内容和其他交接班事项，核实交班人完成或未完成的工作，在接班中模糊、有疑点的问题要了解清楚。

d）交班人注销相关设备和系统，接班人登记进入。

e）完成交接后，接班人要在相关交接班记录上签名，交班人可签退，签名后如出现因交接不清的问题时由接班人负责。

表 1-5 夜班行车值班员作业流程

时 间	工作内容	工作地点
18:10-18:30	提前到站，更衣	更衣室
18:30-19:00	了解新文件、通知、命令，与白班行车值班员交接班	车控室
19:00-20:30	按岗位职责作业	车控室
20:30-22:10	阅读施工计划信息表，做好施工卡控和预想	车控室
22:10-23:00	做好与末班车相关的客运组织工作，执行关站程序	车控室
23:00-04:30	按规定时间执行转换环控模式，完成夜间施工作业办理	车控室
04:30-04:40	接行调、电调、环调运营前检查通知	车控室
04:40-06:00	与行调核实施工完成情况，并报告运营前检查结果，执行行调发布的列车运行图及其他调令。报电调、环调运营前检查结果，执行电调、环调相关调令，开启相应模式。	车控室
06:00-06:30	核实各岗位到岗情况，执行开站程序	车控室
07:30-08:45	早高峰服务	车控室

续表

时　间	工作内容	工作地点
08:45-09:00	与白班行车值班员交接班	车控室
09:30-10:00	签退下班	车控室

（2）客运值班员作业流程

白班客运值班员作业流程如表1-6所示，夜班客运值班员作业流程如表1-7所示。

表1-6　白班客运值班员作业流程

时　间	工作内容	工作地点
08:00-08:20	中心站早班会	中心站
08:30-08:45	更衣	更衣室
08:45-09:00	与交班客运值班员交流，重点了解新文件、通知、命令；当班期间存在的问题；生产中已完成和未完成情况。当面清点所有钱款、票、备品	票务管理室
09:00-11:30	按规定上交报表，按巡视检查制度，检查售票岗位工作情况，履行岗位职责，处理当班期间各项票务事务，填写各类报表、台账	站厅及客服中心
11:30-13:00	负责当班员工轮岗用午餐	全站范围
13:00-14:00	按岗位职责作业	全站范围
14:00-14:30	中班准备工作	票务管理室
14:30-15:00	开中班会	会议室
15:00-17:00	给售票员配票、结账，并监督售票岗交接情况	全站范围
17:00-18:00	负责当班员工轮岗用晚餐	全站范围
18:00-18:30	晚高峰服务	全站范围
18:30-19:00	交班准备及与夜班客运值班员交接班	票务管理室
19:00-19:30	签退下班	车控室

客运值班员交接班事项：

a）交班前整理所有钱款、票、备品，做好交接准备。

b）接班人签到后开始交接，交接时须检查所有车票、票款、备用金、钥匙、票务设备备品情况，检查台账填写情况，检查卫生情况，检查上一班的票务报表。

c）接班人要详细了解交接班本上记录内容和其他交接班事项，核实交班人完成或未完成的工作，在接班中模糊、有疑点的问题要了解清楚。

d）交班人注销相关设备和系统，接班人登录。

e）完成交接后，接班人在交接班本上签名，交班人可签退，签名后如出现因交接不清的问题时由接班人负责。

表1-7　夜班客运值班员作业流程

时　间	工作内容	工作地点
18:10-18:30	提前到站，更衣	更衣室
18:30-19:00	了解新文件、通知、命令，与白班客运值班员交接班，当面清点所有钱款、票、备品	票务管理室

续表

时　间	工作内容	工作地点
19:00-19:30	填写各类报表、台账	票务管理室
19:30-20:30	按岗位职责作业	全站范围
20:30-22:10	收部分 TVM 钱箱、票箱，按巡视检查制度，检查售票岗位工作情况	站厅及客服中心
22:10-23:00	尾班车服务	全站范围
23:00-01:30	给售票岗结账，收全部 TVM 钱箱、票箱，与值站完成钱箱清点、打包票款和兑零款等工作，完成相关报表及台账，并进行审核	票务管理室
05:30-06:00	完成补币、补票工作，检查所有售检票设备状态，按岗位流程给售票员配票、结账，并监督售票岗交接情况	票务管理室
06:00-07:00	加封报表，整理票务管理室内务，准备相关交接准备	票务管理室
07:30-08:45	早高峰服务	全站范围
08:45-09:00	与白班客运值班员交接班	票务管理室
09:30-10:00	签退下班	车控室

3. 站务员

一般情况下，地铁车站的站务员通常实行“早—中—休”三班两运转，将全天的运营时间分为早班和中班两个范围，早班和中班的工作流程基本一样。

（1）售票岗站务员作业流程

早班售票岗站务员作业流程如表 1-8 所示。

表 1-8　早班售票岗站务员作业流程

时　间	工作内容	工作地点
06:00-06:10	车控室签到，了解当天工作注意事项和重要通知	车控室
06:10-06:20	到票务管理室领票及备用金、票务备品	票务管理室
06:20-06:30	到达客服中心，打开窗口，做好售票准备	客服中心
06:30-11:00	按岗位职责作业	客服中心
11:00-11:30	午餐	休息室
11:30-14:30	按岗位职责作业	客服中心
14:30-15:00	与中班售票员交接	客服中心
15:00-15:15	与客运值班员结账	票务管理室
15:15-15:30	签退，下班	车控室

售票员交接班事项：

a）交班人摆好交接告示牌，向乘客做好解释。

b）将现金和车票整理放入票盒后开始交接（交班后不立即结账的须将票盒加锁，锁头用封条十字加封）。

c）交接时，交接双方须核查票务备品、票务钥匙、对讲设备、求助按钮、客服中心内务以及内外物品摆设情况，检查客服中心内有无来历不明的现金、车票。

d）交接时如有问题马上报值班站长或值班员，若接班人确认无误，在交接班本上签名。

e）交班人退出 BOM，接班人登入 BOM，由接班人向车控室报告交接人员和时间。

f）摆放好车票和备用金，叠放好硬币，撤除交接告示牌。

（2）厅巡岗站务员作业流程

早班厅巡岗站务员作业流程如表 1-9 所示。

表 1-9　早班厅巡岗站务员作业流程

时　　间	工作内容	工作地点
06:20-06:30	车控室签到，了解当天工作注意事项和通知，领取钥匙及备品	车控室
06:30-11:00	按岗位职责作业	站厅
11:00-11:30	午餐	休息室
11:30-15:00	按岗位职责作业	站厅
15:00-15:15	与中班厅巡岗站务员交接	站厅
15:15-15:30	签退，下班	车控室

（3）站台岗站务员作业流程

早班站台岗站务员作业流程如表 1-10 所示。

表 1-10　早班站台岗站务员作业流程

时　　间	工作内容	工作地点
06:20-06:30	车控室签到，了解当天工作注意事项和通知，领取钥匙及备品	车控室
06:30-11:00	按岗位职责作业	站台
11:00-11:30	午餐	休息室
11:30-15:00	按岗位职责作业	站台
15:00-15:15	与中班站台岗站务员交接	站台
15:15-15:30	签退，下班	车控室

课后思考

1. 叙述站务员各岗位职责。
2. 叙述早班售票员作业流程。
3. 叙述客运值班员交接注意事项。
4. 叙述售票员交接班注意事项。

项目二　城市轨道交通车站开启与关闭

项目描述

轨道交通车站以开站作为一天正常运营的开始，以关站作为一天正常运营服务工作的结束。本项目要求学生通过完成车站的开启与关闭等工作任务来掌握影响车站开关的因素，熟悉车站各种客运服务设备设施的开关程序，掌握车站开关流程中各岗位的工作内容，从而达到能按作业标准打开及关闭车站的最终目标。

任务一　车站客服设备设施的开与关

学习目标

（1）掌握车站自动扶梯及垂直电梯的开、关流程及规定；

（2）掌握车站 AFC 终端设备的开、关及照明系统的转换。

学习任务

按作业流程及标准开、关车站客运服务设备设施。

教学环境

理实一体化教室。

技术模块

一、自动扶梯及垂直电梯的开关

自动扶梯和垂直电梯均为承压类特种设备，操作不当易发生人员伤亡事故，因此操作自动扶梯和垂直电梯的人员必须是持特种设备作业资格证书的人员。

目前各城市轨道系统使用的自动扶梯和垂直电梯的品牌和型号不尽相同，而各品牌的操作程序也有差异，因此以下只列举其中的一种自动扶梯和垂直电梯操作程序作为学习参考。

1. 自动扶梯

（1）自动扶梯运行前的准备工作

检查扶梯踏板、扶手带、梳齿板和裙板，裙板与梯级间的间隙。如图 2-1 所示，车站开站前开启扶梯时工作人员应检查裙板与梯级间的间隙有无异物；清除夹在电梯缝隙中的碎纸、小石子、口香糖等；检查自动扶梯周围的安全设施（三角区的护板，防止进入的栅栏、隔板及防护网）有无破损等异状；确认紧急按钮是否处于正常状态。如果电梯处于动作状态，必须将其恢复到正常状态。

（2）开梯程序

将钥匙插入操盘上的报警停止开关，鸣响警笛，发出开始运转信号，放手后钥匙将回到中央位置，将其拔出；确认自动扶梯的踏板和梯级上没有人后，将钥匙插入运行开关，如图 2-2 所示，向运行方向（上或下）旋转，自动扶梯开始运转，待稳定运行后放手，钥匙自动回到中央位置，即可把其拔出（启动时一只手旋转钥匙的同时另一只手按在急停开关上，当出现异常时可及时按下急停开关）；确认扶手带是否正常转动，当有异常声响或振动时，要立即按动紧急停止按钮，停住自动扶梯，同时通知维修人员；确认正常运转后，再试运转 5～10 分钟；如果试运转中按动紧急停止按钮，待问题处理后，必须将红色罩复原。

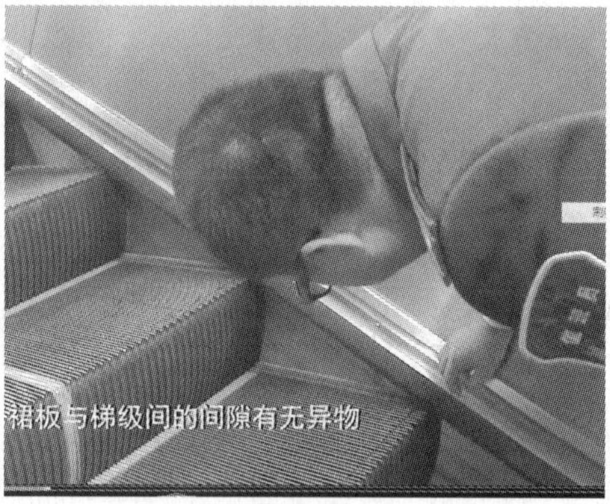

图 2-1　开启扶梯前的检查

图 2-2　开启扶梯

（3）关梯程序

确认有无发生异常声响或振动。如果有问题则停止自动扶梯运行；停止运行之前，不允许乘客进入自动扶梯的梯口；将钥匙插入报警停止开关，鸣响警笛；确认自动扶梯附近或扶梯梯级上无人后，再用钥匙开启停止开关，自动扶梯则停止运行；一天的正常运行结束后，必须认真检查并清扫扶梯踏板、扶手带、梳齿、裙板及扶梯下部专用房；正常停止扶梯运行后，应采取措施，设置停止使用牌，防止乘客将其当作楼梯使用。

（4）紧急停机按钮的使用

当出现异常情况必须使用紧急停机按钮时，应大声通知乘客“紧急停机，请抓住扶手”后，再行操作，如图 2-3 所示为自动扶梯紧急停机按钮。

紧急停机按钮操作：现场操作时，用手指按动红色罩，使凸起状变为塌陷状态，操作后，用手指按动红色罩周围，使其中部恢复正常状态；在车控室操作时，敲破玻璃片，按压按钮，最后复位拔起按钮。

图 2-3　自动扶梯紧急停机按钮

扶梯转换运行方向的操作程序：将钥匙插入报警停止开关，鸣响警笛；确认扶梯级上无人后再用钥匙开启停止开关，将钥匙拔出；待扶梯停止运行后，将钥匙插入运行开关，开启希望运行方向的开关（上或下）。

2. 垂直电梯

（1）开梯程序

认真阅读上一班交接记录，打开厅门后，弄清电梯轿厢是在本层后方可踏进；进轿厢后，认真检查各控制开关及照明通风是否正常；用手试安全触板开关、光电开关功能是否灵敏可靠；把各开关调成正常位置，来回走一趟，没有异常后方可投入正常运行。

（2）关梯程序

关梯前乘电梯检查一趟，如果有异常及时通知维修保养人员处理；检查电梯无异常后，把电梯停在首层，以便于次日开梯；断开轿厢内的所有接触开关及照明开关。

二、AFC 终端设备的开关

自动售检票终端设备的开启与关闭可由车站计算机下达指令来控制，也可在各个设备现场对设备进行电源的开启与关闭，具体操作略。

三、照明系统及环控系统的转换

为了节约能源，在运营时间结束后，环控系统会由大系统转换为小系统，照明会由运营时间照明转换为节电照明，因此在车站开站之前，环控系统又会由小系统转换成大系统，如图 2-4 所示为车站综合后备盘上的环控系统控制开关。照明同样也会由节电照明转换为正常照明。这种转换操作具体由行车值班员在车控室的综合后备盘上完成。

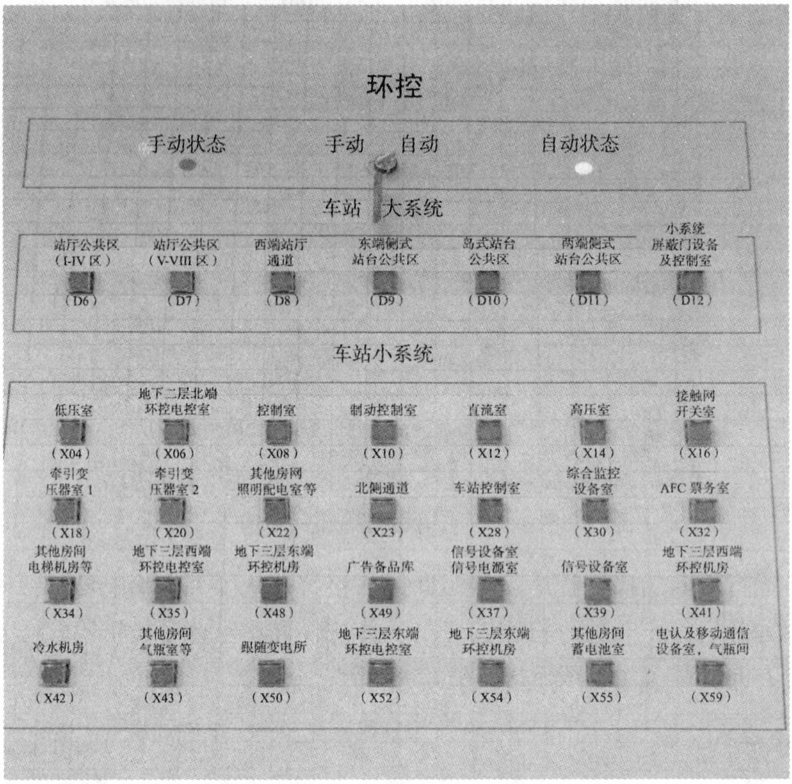

图 2-4　IBP 盘上环控系统及照明系统开、关

四、出入口的开关

出入口是乘客进入城市轨道交通车站的第一步，因此在打开出入口之前应确认出入口周边的环境卫生及安全状况，以保证乘客安全、顺畅地进入城市轨道交通车站。

实操模块

[实训任务] 自动扶梯的开、关。

[实训目的] 掌握地铁车站内自动扶梯的开关程序及紧急停机按钮的使用。

[实训要求] 掌握自动扶梯的开、关程序及紧急停机按钮的使用时机。

[实训环境] 实训教室。

[实训指导] 指导学生观察自动扶梯的外部结构。

[实训考评] 自动扶梯开关的程序全面，动作标准。

课后思考

1. 叙述自动扶梯的开梯程序。
2. 叙述自动扶梯的关梯程序。
3. 叙述自动扶梯紧急停机按钮的操作程序。

任务二 开、关站

学习目标

（1）掌握车站的开站程序；

（2）掌握车站的关站程序。

学习任务

模拟车站的开、关。

教学环境

理实一体化教室。

理论模块

一、车站开关的概念

一般来说，轨道交通车站以开站作为一天正常运营的开始，以关站作为一天正常运营服务工作的结束。

开放车站之前必须确保线路上没有影响行车的异物，车站各种设备的运行状态运作良好，各种服务设备和设施已经开启并运行正常。为满足乘客正常乘车的需要，车站要在首班载客列车到达站前按要求安排售票岗领票、到岗，做好售票准备工作。在确认这些工作已经准备就绪后再打开车站的各个出入口，开始一天的正常运营服务。

关闭车站意味着轨道交通车站一天的运营服务结束。通常情况下，关闭车站后不提供对外的运营服务。但夜间的各种施工，设备和设施的各种检修工作，车站车票、收益和各种核算工作及统计报表的填写会安排在关站后进行。

目前，综合考虑多方因素，国内轨道交通企业暂未提供24小时运营服务，因此每天运营开始前开放车站的准备工作称为开站，每天运营结束前关闭车站的准备工作称为关站，如图2-5所示为地铁站关闭的出入口。按照国际惯例，轨道交通车站的运营服务时间一般作为其服务承诺对外界公布。因此，车站需要严格按照运营服务时间开、关车站，为乘客提供运营服务。

为保证对乘客的服务质量，轨道企业一般统一规范各车站的开、关站时间及程序。轨道交通车站通常以本站首班载客列车或尾班载客列车到站时间为基准点，开、关相关设备、出入口及安排各岗位人员等，确保对外服务的标准统一。

二、影响车站开关站因素

城市轨道作为城市交通运输的核心纽带，具有较浓厚的社会公益性质，其运营服务时间一般根据本城市居民生活习惯、出行规律、工作时间及客流分布等特点确定，同时还要考虑与其他交通方式运营时间的衔接。

图 2-5 地铁站关闭的出入口

技术模块

一、开站

1．开站前的准备工作

（1）检查线路上有没有影响行车的异物，与行车调度员共同确认线路的情况；

（2）检查车站各种设备的运行状态是否良好；

（3）开启车站的各种服务设备和设施；

（4）首班载客列车到站前，按要求安排售票岗领票、到岗，做好售票准备工作；

（5）开启轨道交通车站的出入口，准备对外运营服务。

2．开站程序（见表 2-1）

表 2-1 开站流程

序 号	责任人	内 容
1	行车值班员	首班载客列车到站前××分钟，按规定试验道岔，安排人员试开关屏蔽门，检查站台和线路情况，并汇报行调
2	行车值班员	首班载客列车到站前××分钟，通过 EMCS / BAS 开启环控系统，并检查运行情况
3	售票岗位	首班载客列车到站前××分钟领票，首班载客列车到站前××分钟到岗
4	行车值班员	首班载客列车到站前××分钟启动运营时间照明模式，并开启自动售检票设备，检查自动售检票设备是否处于正常运营状态
5	站台岗位	首班载客列车到站前××分钟到站，首班载客列车到站前××分钟领齐备品到岗
6	站务员/值班站长	首班载客列车到站前××分钟完成扶梯开启工作，首班载客列车到站前××分钟完成出入口开启工作，并巡视全站
7	站务员/值班站长	首班载客列车到站前××分钟确认与尾班车和运营终止相关告示、备品等已撤除，并按运营需要布置
8	行车值班员	首班载客列车到站前××分钟检查扶梯开启状态

二、关站

1．关站的作业内容

由于轨道交通线路上有多个车站，各站的尾班载客列车到站时间不一致，因此，车站在最后一班载客列车到站之前通常要设置各种告示，以避免乘客错过最后的尾班载客列车。同时，车站要选择适当的时机播放尾班载客列车的广播，提醒乘客做好乘车安排。

尾班车开出后，车站站务人员巡视车站，在确保没有乘客滞留后关闭自动售票设备及进出站的检票设备；在确认无乘客滞留后关闭各个出入口，关停站内的扶梯等服务设备。此时，车站的各种设备转入夜间运行模式。关站的具体工作内容如下：

（1）运营结束之前，摆放尾班车告示，播放尾班车广播；

（2）根据车站的实际情况关闭自动售票机，通知停止售票和进站检票工作，并监控尾班车的广播播放情况。

（3）巡视车站，确认全部乘客已经出站，没有乘客滞留；

（4）售票员整理车票、现金及客服中心备品，回票务管理室结账；

（5）关闭出入口，关闭扶梯，关闭自动售检票等设备和设施；

（6）将车站的照明、环控等设备和设施转入夜间运行模式。

2. 关站程序（见表 2-2）

表 2-2　关站流程

序　号	责任人	内　容
1	值班站长	本站末班载客车服务时间前××分钟开始到站厅、站台、行车值班员等各岗位情况
2	行车值班员	往某一方向的尾班车服务时间前××分钟启动该方向尾班车广播，并通知各岗位
3	行车值班员	本站末班载客车服务时间前××分钟关闭自动售票机，并通知各岗位
4	厅巡员/售票岗位	往某一方向的尾班车服务时间前××分钟摆放有关服务信息的告示牌，告知乘客相关信息，停止该方向售票，最后一趟载客列车开出后，关停扶梯
5	站台岗位	末班载客车开出后对站台进行检查，确认已无乘客，关停扶梯
6	行车值班员	运营结束后，启动非运营时间照明模式
7	值班站长	本日列车服务终止后，清站，确认出入口关闭，扶梯、照明、AFC 设备全部关闭

实操模块

[实训任务] 分岗位模拟开、关站流程。

[实训目的] 掌握地铁车站开、关程序。

[实训要求] 分小组分岗位按岗位作业内容模拟，要求边操作，边口述。

[实训环境] 理实一体化教室。

[实训考评] 内容全面，流程清晰。

课后思考

1. 为什么每个车站的开、关站时间不同？

2. 站务员售票岗位在开站工作中的作业内容有哪些？

项目三　城市轨道交通客流调查与分析

项目描述

深入的客流特征分析是做好城市轨道交通车站客运组织工作的基础。为了掌握车站客流的现状及变化规律，就要经常进行各种形式的客流调查。本项目要求学生通过学习客流调查方法，能够有针对性地进行车站客流调查，并能统计相关数据；通过学习客流特征分析的方法，能够根据客流调查的数据结果对车站的不同客流特征进行有效的分析，从而掌握车站的客流变化规律，为有效地组织和引导客流提供依据。

任务一　客流调查统计

学习目标

（1）掌握车站客流调查的种类；

（2）掌握车站客流调查统计的指标。

学习任务

学习客流调查的方法，能够根据要求选择相应的调查方法进行客流调查，并能够根据调查的资料进行相应的指标计算。

教学环境

多媒体教室。

理论模块

一、客流及其影响因素

1．客流的概念

客流是指在单位时间里，轨道交通线路上乘客流动人数和流动方向的总和。客流的概念表明了乘客在空间上的位移及其数量，又强调了这种位移带有方向性和具有起讫位置。客流可以是预测客流，也可以是实际客流。

根据客流的时间分布特征，轨道交通客流可分为全日客流、全日分时客流和高峰小时客流。全日客流是指每日轨道交通线路输送的客流量。全日分时客流是指一天内轨道交通线路各小时输送的客流量。高峰小时客流一般是指轨道交通线路上早、晚高峰及节假日高峰小时内输送的客流。

根据客流的空间分布特征，轨道交通客流可分为断面客流和车站客流。断面客流是指轨道交通线路各区间的客流。车站客流是指轨道交通车站上车、下车和换乘的客流。

根据客流的来源，轨道交通客流可分为基本客流、转移客流和诱增客流。基本客流是指轨道交通线路既有客流加上按正常增长率增加的客流。转移客流是指由于轨道交通具有快速、准时、舒适等优点，使原来经常由常规公交和自行车出行转移到经由轨道交通出行的这部分客流。诱增客流是指轨道交通线路投入运营后，促进沿线土地开发、住宅区形成规模、商业活动繁荣所诱发的新增客流。

2．影响客流的因素

（1）轨道交通沿线土地利用情况

轨道交通沿线土地利用情况与客流的关系是"源"与"流"的关系。沿线土地利用对轨道交通客流规模存在举足轻重的影响，如果轨道交通线路行经的区域能将城市的主要居住区和商务区覆盖，那么其客流就有了基本的保障。

（2）城市布局发展模式

土地利用规划对城市布局发展模式有着重要的影响，通常伴随着客流的大幅增长。例如，北京地铁 13 号线修通后，带动沿线房地产业的发展，为 13 号线输送了稳定的客流。

（3）城市人口规模与出行率

城市中的出行量与人口规模、出行率存在密切的关系。因此，除了分析常住人口、暂住人口和流动人口的数量外，还应分析人口的年龄、职业、出行目的、居住区域等特征。根据调查资料显示，不同人群的出行率存在一定的差异，一般规律是：常住人口中，中青年人群的出行率高于幼年与老年人群的出行率；上班、上学人群的出行率高于退休人群的出行率等。

（4）票价

票价是影响客流的重要因素，票价的变动会对沿线客流数量和运营公司的票务收入产生综合影响。票价与市民的消费能力与收入水平直接相关，轨道交通的客源主要来自于中、低收入人群，而中、低收入人群对票价变动比较敏感，低收入、高票价的组合对客流的吸引最为不利。当轨道交通票价支出占收入水平的比例较大时，选择轨道交通方式出行的客流量就会下降。

（5）服务水平

随着城市居民收入水平的提高，可选择的出行方式也逐渐增多。城市轨道交通服务的安全性、舒适性、经济性及便利性等多项指标也逐渐成为市民选择出行方式时考虑的因素。因此，城市轨道交通运营企业的服务水平已成为影响客流及潜在客运需求的关键因素。

（6）政府的交通运输政策

大城市确立以公共交通为主、个体交通为辅的交通运输政策，优先发展公共交通、大力发展轨道交通、控制私人汽车的发展，对引导市民出行利用公共交通与城市轨道交通具有重要的作用。

（7）交通网的规模与布局

多层次的轨道交通线网、合理的线路布局及走向和功能完善的换乘枢纽对实现城市中心区域45分钟交通网、增大轨道交通对出行者的吸引力、提高轨道交通在公共交通中的运量分担比例有着重要的作用。

（8）私人交通工具的拥有量

随着经济的增长，人们生活水平的提高，私人拥有交通工具的数量也在不断地增加。在私人交通工具拥有量增长的初期阶段，轨道交通线路上的客流会有一定地降低，但在增长到一定水平时，会造成城市内道路资源不足，城市道路会发生交通拥堵，大部分使用私人交通工具出行的乘客则会转移到轨道交通上来，从而使轨道交通线路的客流大幅度增长。

二、客流调查与统计

客流是动态变化着的，但客流在时间、空间上的动态变化又是有规律的，可以在实践中了解它、掌握它，并根据客流的动态变化，及时配备与之相适应的运输能力，给乘客提供良好的服务。在运营过程中，要掌握客流的动态变化规律，必须经常进行各种形式的客流调查。

客流调查工作包括：客流调查的内容、地点和时间的确定，调查表格的设计，调查设备的选用和调查方式的选择，以及调查资料的汇总整理、指标计算与结果的分析。

1．客流调查种类

（1）全面客流调查

全面客流调查是指对全线客流的综合调查，通常也包括乘客情况抽样调查。这种客流调查时间长、工作量大，需要较多的调查人员。但通过调查及对调查资料进行整理、统计和分析，能对客流现状及出行规律有一个全面的了解。全面客流调查有随车调查和站点调查两种调查方式。随车调查是指在车门处对全天运营时间内的所有运行列车的上、下乘客进行调查；站点调查是指在车站进、出站检票机处对全天运营时间内的所有车站的进、出站乘客进行调查。

（2）乘客情况抽样调查

乘客情况抽样调查一般采用问卷方式进行，调查内容主要包括乘客构成情况和乘客乘车情况两方面。

乘客构成情况调查一般在车站进行，调查的内容包括年龄、性别、职业及出行的目的等。该项调查一般选在客流比较正常的运营时段进行。

乘客乘车情况调查可在车站进行，也可在列车上进行，调查的内容包括日均乘车次数、到达车站的方式和所需的时间、下车后到达目的地的方式和所需的时间、乘坐轨道交通出行后节约的时间及对票价的认同度等。

进行抽样调查，必须首先确定抽样方法与抽样数，以确保抽样调查的结果具有实用意义。抽样方法主要有简单随机抽样、分层抽样、整群抽样和多阶段抽样等。抽样的大小取决于总体的大小、总体的异质性程度及调查的精度要求。

（3）断面客流调查

断面客流调查是一种经常性的客流抽样调查，根据需要，可选择一个或几个断面进行调查。一般是对最大客流断面进行调查，调查人员用直接观察法调查车辆内的乘客人数。

（4）节假日客流调查

节假日调查是一种专题性客流调查。重点是对春节、元旦、国庆节和若干民间节日期间的客流进行调查。调查的内容包括：机关、学校、企业等单位的休假安排，城市旅游业、娱乐业的发展程度，市民生活方式的变化等。该调查一般采取问卷方式进行。

（4）突发性客流调查

突发性客流调查主要是针对影剧院、体育场馆等客流快速集散的站点进行专项的客流调查。该项调查主要涉及影剧院、体育场馆的规模与附近轨道交通车站的客流影响程度、持续时间之间的相关关系。

2. 客流调查统计指标

客流调查结束后，对客流调查资料应认真汇总整理，列成表格或汇成图表，计算各项指标，应计算的指标有以下几个。

（1）乘客人数

乘客人数指标包括：各站全日分时上、下车人数；换乘站全口分时换乘人数；各站高峰小时乘客人数、各线全日分时乘客人数等。

（2）断面客流量

断面客流量包括：分时与全日各断面客流量，分时与全日最大断面客流量，高峰小时最大断面客流量。

（2）乘客构成情况

乘客构成指标包括：按年龄、性别、 职业、出行目的等统计的乘客人数及所占百分比。

（3）乘客乘车情况

乘客乘车情况指标包括：到达轨道交通车站的不同交通方式的统计及所占百分比；离开轨道交通后到达目的地所乘的不同的交通方式的统计及所占百分比；乘坐轨道交通所节省的时间等。

拓展模块

一、客流预测

客流预测是城市轨道交通建设的一个重要环节，是各项设计工作的基础，预测结果的可靠与否直接关系到城市轨道交通的建设投资、运营效率和经济效益。根据客流预测期间的长短，客流预测可分为短期（1～5 年）、中期（6～10 年）和长期（10 年以上）。

客流预测是以现行运输统计制度提供的基础资料为依据，辅以对城市、港口、车站等处的调查，然后在此基础上通过科学的方法来推算未来的客流量。

在城市轨道交通系统规划与设计的不同阶段，需要开展三次需求分析与预测工作，各阶段的重点工作不同。

城市轨道交通网络规划阶段：主要进行全网客流估算，重点分析线网总体规模和各线路的需要规模。

线路建设项目可行性研究阶段：根据线路具体情况，研究提出线路各运营期限的客流预测结果，重点要确定与相关工程建设规模有关的预测结果。

线路建设项目总体设计阶段：研究各站点客流详细规划，重点分析车站内容功能布局和整体规模。

二、抽样调查

抽样调查是根据部分实际调查结果来推断总体总量的一种统计调查方法，属于非全面调查的范畴。它是按照科学的原理和计算，从若干单位组成的事物总体中，抽取部分样本单位来进行调查、观察，用所得到的调查标志的数据以代表总体，推断总体。

抽样调查数据之所以能用来代表和推算总体，主要是因为抽样调查本身具有其他非全面调查所不具备的特点，主要是：

（1）调查样本是按随机的原则抽取的，在总体中每一个单位被抽取的机会是均等的，因此，能够保证被抽中的单位在总体中的均匀分布，不致出现倾向性误差，代表性强；

（2）是以抽取的全部样本单位作为一个“代表团”，用整个“代表团”来代表总体，而不是用随意挑选的个别单位代表总体；

（3）所抽选的调查样本数量，是根据调查误差的要求，经过科学的计算确定的，在调查样本的数量上有可靠的保证；

（4）抽样调查的误差，是在调查前就可以根据调查样本数量和总体中各单位之间的差异程度进行计算，并控制在允许范围以内，调查结果的准确程度较高。

基于以上特点，抽样调查被公认为非全面调查方法中用来推算和代表总体的最完善、最有科学根据的调查方法。

三、调查问卷设计

调查问卷又称调查表或询问表，是以问题的形式系统地记载调查内容的一种印件。问卷可以是表格式、卡片式或簿记式。设计问卷，是询问调查的关键。完美的问卷必须具备两个功能，即能将问题传达给被问的人和使被问者乐于回答。要完成这两个功能，问卷设计时应当遵循一定的原则和程序，运用一定的技巧。

调查问卷设计的原则有以下几个。

1. 有明确的主题。根据主题，从实际出发拟题，问题目的明确，重点突出，没有可有可无的问题。

2. 结构合理、逻辑性强。问题的排列应有一定的逻辑顺序，符合应答者的思维程序。一般是先易后难、先简后繁、先具体后抽象。

3. 通俗易懂。问卷应使应答者一目了然，并愿意如实回答。问卷中语气要亲切，符合应答者的理解能力和认识能力，避免使用专业术语。对敏感性问题采取一定的技巧调查，使问卷具有合理性和可答性，避免主观性和暗示性，以免答案失真。

4. 控制问卷的长度。回答问卷的时间控制在 20 分钟左右，问卷中既不浪费一个问句，也不遗漏一个问句。

5. 便于资料的校验、整理和统计。

实操模块

[实训任务] 分小组到某地铁车站进行乘客情况调查。

[实训目的] 掌握乘客情况调查的方法。

[实训要求] 分小组设计调查问卷表，并统计和计算相应指标。

[实训环境] 地铁车站及本班教室。

[实训考评] 问卷设计质量，数据统计及指标计算准确性。

任务二　车站客流特征分析

学习目标

（1）分析车站客流时间分布特征；

（2）分析车站客流空间分布特征。

学习任务

学习客流特征分析的方法，能够分析某一车站的客流时间分布特征及空间分布特征。

教学环境

多媒体教室。

理论模块

在城市轨道交通的运营实践中，客流特征分析的对象可以是实际客流，也可以是预测客流。对实际的客流特征分析是为了掌握车站的客流现状及近一段时间的变化规律，即客流近一段时间的变化规律及乘客特点，以便于及时采取有效的客流组织方法与之对应；对预测客流特征进行分析，有助于经济合理地进行线网规划、运力安排与设备配置，这对车站的日常客流组织与行车组织也有重要意义。

一、车站客流时间分布特征

客流时间分布特征根据单位时间的选择不同，有一日内小时客流分布特征、一周内全日客流分布特征、一年内各月（季）客流分布特征及高峰小客流分布特征。

1. 一日内小时客流分布

城市轨道交通的运能、线路所处交通走廊的特点及车站所处区位的用地性质，是影响城市轨道交通车站客流在全天不同时间上分布的主要因素。纵观城市轨道交通的不同类型车站，可归纳出以下 5 种车站客流日分布曲线类型。

（1）单向峰型：城市轨道交通线路所处的交通走廊具有明显的潮汐特征或车站周边地区功能性质单一时，车站客流分布集中，有早晚错开的一个上车高峰和一个下车高峰，如图 3-1（a）所示。

（2）双向峰型：车站位于综合功能用地区位时，客流分布与其他交通方式的客流分布一致，有两个配对的早晚上下车高峰，如图 3-1（b）所示。

（3）全峰型：城市轨道交通线路用于已高度开发的交通走廊或车站位于公共建筑和公用设施高度集中的 CBD 地区时，客流分布无明显的低谷，双向上下客流全天都很大，如图 3-1（c）所示。

（4）突峰型：车站位于体育场、影剧院的大型公用设施附近，演出节目或比赛结束时，有一个持续时间突变的上车高峰。一段时间后，其他部分车站可能有一个突变的下车高峰，如图 3-1（d）所示。

（5）无峰型：当城市轨道交通本身运能比较小或车站位于用地还没有完全开发的地区时，客流无明显的一个上下车高峰，双向上下车客流全天都较小，如图 3-1（e）所示。

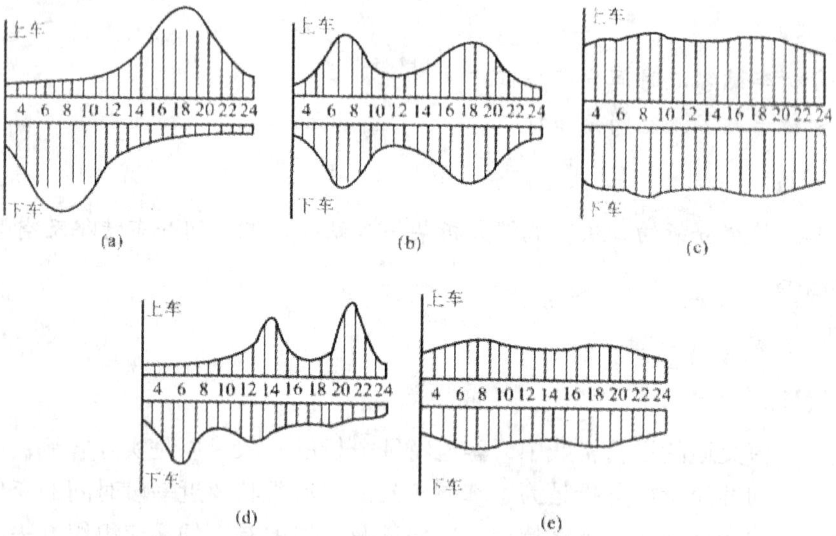

图 3-1　车站客流时间分布特征图

在一日内小时客流不均衡程度较大的情况下，为实现运营组织的经济合理，可考虑采用小编组、高密度列车开行方案。

2. 高峰小时客流分布特征

高峰小时客流是确定车站设备容量或能力的基本依据。进行高峰小时客流特征分析，首先应确定进、出站高峰小时的出现时间，其次才是分析客流量的大小。此外，还应分析客流的发展趋势。随着轨道交通线路新线投入运营，既有轨道交通线路延伸，高峰小时进、出站客流也会发生较大的变化。研究表明，轨道交通车站高峰小时客流具有以下特征：

（1）车站客流的进、出站高峰小时出现的时间与断面客流的高峰小时出现时间有时会不同；

（2）各个车站客流的进、出站高峰小时出现的时间通常不相同；

（3）同一车站客流的进、出站高峰小时出现的时间通常不相同；

（4）工作日高峰小时进、出站客流通常大于双休日高峰小时进、出站客流。

3．一周内全日客流分布特征

由于人们的工作与休息是以周为循环周期进行的，双休日大多数人在家休息，这种活动规律性必然要反映到一周内各日客流的变化上来。在以通勤、通学客流为主的轨道交通线路上，客流量有所减少；而在连接商业网点、旅游景点的交通线路上，客流量有所增加。全日客流量在一周之内呈有规律性的变化。

另外，双休日与节假日后早高峰小时客流量和星期五与节假日前的晚高峰小时客流量，都会比一周内其他工作日早、晚高峰小时客流量要大。

根据全日客流在一周内分布的不均衡和有规律的变化，从运营经济性考虑，轨道交通系统常在一周内实行不同的全日行车计划和列车运行图。

4．一年内各月（季）客流分布特征

一年内客流量还存在季节性变化，由于气候的不同（如梅雨季节）和学生复习迎考等原因，6 月份的客流通常是全年的低谷。另外在旅游旺季，城市中流动人口的增加又会给轨道交通系统带来较大的运输压力。例如，某一北方城市在 1、2 月气候恶劣，轨道交通线路上的客流会增加；到了 3、4 月份，由于天气的转暖，轨道交通线路上的客流也会随之减少；但在 7 月份之后，客流开始明显走高，直到年底。

二、车站客流空间分布特征

车站客流空间分布通常是指各条线上各个车站的客流分布情况、车站内乘降客流分布及车站内不同区域客流分布的情况等。

1．沿线各个车站的客流分布特征

城市轨道交通的建设规模、线路布设形式和走向及各个车站所处的地理位置，是影响沿线各个车站客流分布不同的主要因素。纵观不同类型城市轨道交通线路，可归纳如下 4 种沿线各站的客流分布特征。

（1）均等型：当城市轨道交通线路成环线布置或沿线用地已高度开发成熟时，各车站的上下客流接近相等，沿线客流基本一致，不存在某个车站客流明显突增的情况。

（2）两端萎缩型：当城市轨道交通线路的两端伸入还没有完全开发的城市边缘或郊区时，线路两端路段的车站客流小于中间路段车站的客流。

（3）中间突增型：当城市轨道交通线路途经大型的对外交通枢纽、高密度开发地区或车站利用常规公交线路辐射吸引范围广阔时，位于该区位上的车站上下车客流明显偏大，线路客流存在某个站或某几个站客流突增的情况。

（4）逐渐缩小型：城市轨道交通线路首（末）车站位于大型对外交通枢纽附近或城市中心 CBD 地区时，随着线路向外延伸，线路上各站的客流逐渐缩小。

2．站内乘降客流及不同区域客流分布特征

轨道交通车站的乘降人数不均衡，甚至相差悬殊的情况并不少见。新的居民区形成，

新的轨道交通线路建成通车，既有轨道交通线路延伸使一些车站由中间站变为换乘站或由终点站变成中间站，以及列车共线运营等都会使车站乘降量发生较大的变化和加剧不均衡或带来新的不均衡。

车站内客流在空间分布上也存在不均衡现象，包括不同出入口的进出客流不均衡、站厅不同区域的 TVM 前的购票客流不均衡、不同检票机的进出客流不均衡等。经过分析，这种情况发生的原因是由于出入口外对应的商业环境及检票机与售票设备之间的距离远近造成的。

实操模块

[实训任务] 分析某地铁车站一天内小时客流分布特征及车站内不同区域的客流分布特征。

[实训目的] 掌握车站客流分布特征。

[实训要求] 分小组进行分析总结，画出相应的分布特征图。

[实训环境] 地铁车站及本班教室。

[实训考评] 分布特征的总结语言流畅，特点鲜明，分布特征图有一定的代表性。

课后思考

1. 客流调查的种类有哪些？
2. 分析造成车站内空间客流分布不均衡的原因，请举例说明。

项目四　城市轨道交通车站客流组织

项目描述

城市轨道交通车站客流组织是站务人员工作的重要组成部分。本项目要求学生通过熟悉乘客流动的线路来掌握日常客流组织的内容方法及技巧，同时掌握进站、出站及换乘流线中的关键引导点及引导方法，从而达到能按作业标准有效地组织客流；通过对特殊客流的认识，学会如何有效地组织大客流及突发事件客流。

任务一　日常客流组织

学习目标

（1）掌握进出站及换乘乘客流线；

（2）分析进出站及不同换乘方式流线中的关键引导点；

（3）掌握进出站客流及不同换乘方式的换乘客流组织引导方法。

学习任务

模拟车站进出站及换乘客流组织，掌握不同流线的关键引导点及引导标准。

教学环境

多媒体教室及客服实训室。

理论模块

城市轨道交通车站客流组织工作的目的是保证客流运送的安全，保证客流运送过程的畅通，尽量减少乘客出行的时间，避免拥挤，便于大客流发生时的及时疏散。

为此，在进行客运组织时应特别考虑以下几个方面的客流组织原则。

（1）合理安排售检票位置、出入口、楼梯，旅客流动路线简单、明确，尽量减少流线交叉、对流、迂回。

（2）乘客换乘其他交通工具之间顺利连接。人流与车流的行驶路线严格分开，以保证行人的安全和车辆行驶不受干扰。

（3）完善诱导系统，快速分流，减少客流集聚和过分拥挤现象。

（4）满足换乘客流的方便性、安全性、舒适性等一些基本要求。例如，适宜的换乘步行距离、恶劣天气下的保护、气候调解，对残疾人专门设计无障碍通道；又如照明、开阔的视野及突发事件应急系统等。

一、流线及其分类

所谓流线是指人或物流动的路线。城市轨道交通车站的流线主要指乘客流线。乘客流线按流动方向不同分为进站、出站乘客流线和换乘乘客流线；按性质不同又可分为普通乘客流线和特殊乘客流线。

1．进站乘客流线

进站乘客流线按照其流动过程来看，可分为两种主要类型：

（1）进入车站直接上车的乘客流线

这种乘客流线主要包括绝大多数持城市一卡通或储值票等直接通过闸机结算费用的乘客。这类乘客大部分属于当地居民上班族，在上下班时间出现出行高峰，如图 4-1 所示。

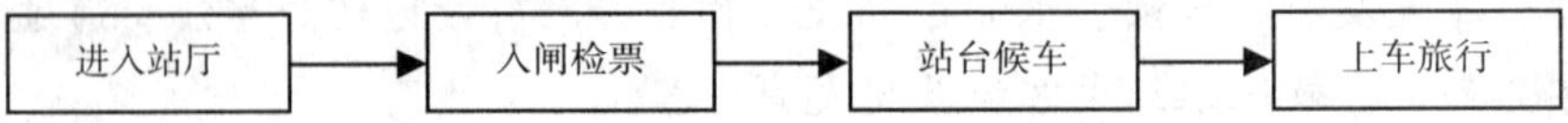

图 4-1 进站乘客流线之一

（2）进入车站购票上车的乘客流线

这种乘客流线主要是不经常乘坐城轨出行的当地居民或从其他交通工具换乘过来的外地乘客，一般这类客流在节假日或周末比较集中，如图 4-2 所示。

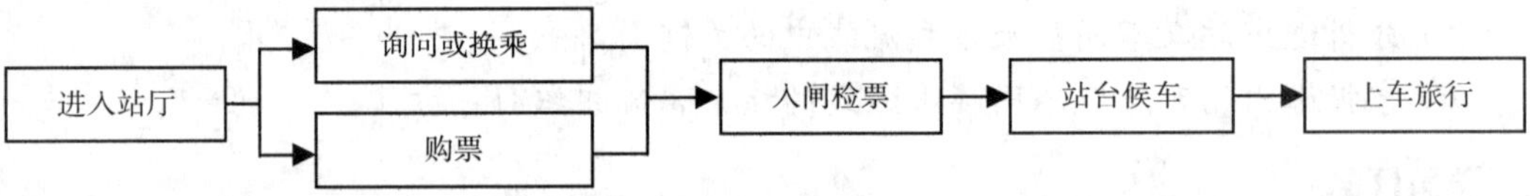

图 4-2 进站乘客流线之二

进站乘客流线中除上述两种乘客流线外，还有流量较少的需要办理其他票务业务的乘客流线，以及以上各种类型间的小股流线。

2．出站乘客流线

出站乘客流线比进站乘客流线简单，主要是终到乘客形成的流线，乘客办理手续少，在车站停留时间短，如图 4-3 所示。

其中，有少部分终到乘客在出站后需要办理其他票务业务。

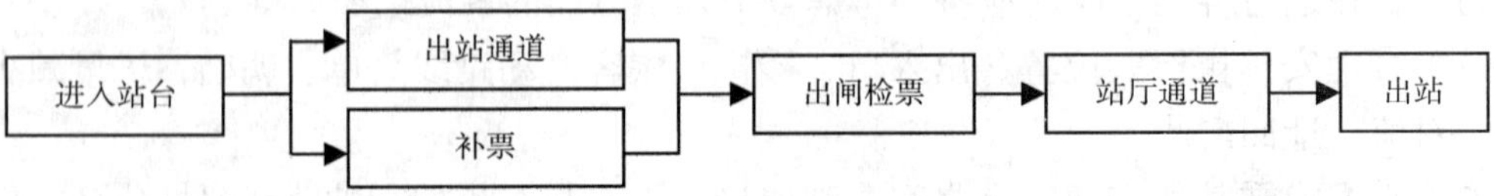

图 4-3 出站乘客流线

3．换乘乘客流线

在一些综合型枢纽站或城市轨道线路间换乘车站，存在大量的换乘乘客，他们的流动过程形成了换乘乘客流线，如图 4-4 所示。

图 4-4　换乘乘客流线

不同换乘方式，其换乘通道也不尽相同。

普通乘客流线是人流中的主要流线，人数最多，主要应考虑的还是通畅便利。普通进、出站、换乘乘客最基本的流线如图 4-5 所示。

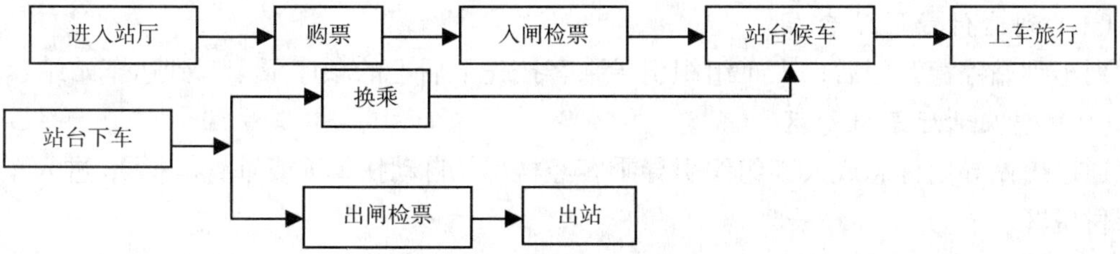

图 4-5　旅客进、出站、换乘流线

特殊旅客包括母婴、老弱病残、团体旅客等。其流程与普通旅客相同。但考虑到其特殊性，可考虑开辟专用的检票口，并在相关位置设置相应的服务设施，以保证其优先、就近上车。

车站日常客流组织主要由进站客流组织、出站客流组织、换乘客流组织三部分组成。

二、进出站客流组织

1．进站客流组织

按照进站乘客流线，通过合理布置客运有关设备、设施及对客流采取有效的分流或引导措施来组织乘客运送。

（1）进入站厅层非付费区

通过进站导向标志或人工组织引导乘客经出入口、楼梯、自动扶梯（或垂直电梯），通过通道进入站厅层非付费区。

（2）进入站厅层付费区

① 通过购票导向标志或人工组织引导部分乘客在自动售票机、客服中心、临时票亭购票后，通过进站闸机入闸检票后进入付费区。

② 组织引导部分持储值票、城市“一卡通”票、乘次票等乘客，直接通过进站闸机入闸检票后进入付费区。

③ 人工组织引导部分需充值、处理问题车票的乘客到客服中心处理车票后，通过进站闸机入闸检票后进入付费区。

（3）进入付费区站台层

通过乘车方向标志或人工组织引导乘客通过楼梯、自动扶梯（或垂直电梯）进入站台层候车。

在站台层组织候车、上车：

① 乘客到达站台，通过方向导向标志或乘客咨询系统选择乘车方向和了解列车到发时刻，人工组织引导乘客站在黄线内候车；

② 列车到站停稳开门后，人工组织引导乘客按先下后上的顺序乘车。

2. 出站客流组织

按照出站乘客流线，通过合理布置客运有关设备、设施，以及对客流采取有效的分流或引导措施来组织客流运送。

（1）到达付费区站台层

列车到站停稳开门后，人工组织引导乘客按先下后上的顺序下车，到达车站站台。

（2）进入站厅层付费区

通过出站导向标志或人工组织引导乘客经楼梯、自动扶梯（或垂直电梯），进入车站站厅层付费区。

（3）进入站厅层非付费区

① 组织引导部分持单程票乘客，通过出站闸机出闸检票、回收车票后进入非付费区；

② 组织引导部分持储值票、城市“一卡通”票、乘次票等乘客，通过出站闸机出闸检票、扣除车费或乘次后进入非付费区。

③ 人工组织引导部分需补票、处理问题车票的乘客到客服中心补票或处理车票后，通过出站闸机出闸检票，回收车票或扣费后进入非付费区。

（4）引导出站

通过出站导向标志、出入口导向标志或人工组织引导乘客经通道、楼梯、自动扶梯（或垂直电梯）、出入口出站。

三、换乘客流组织

换乘站一般客流比较大，同时客流流线复杂，客流组织相对于其他车站较为复杂。换乘站根据不同的换乘方式在客流组织管理上应注意采用不同的方法，总的原则在于组织好换乘客流，缩短换乘路径，减少换乘客流与进出站客流的交叉、干扰。

（一）换乘地点

根据乘客换乘的地点不同，可以在付费区实现换乘，也可在非付费区实现换乘。

1. 付费区换乘

乘客到达换乘站下车后，不需要通过出站闸机，直接在付费区内根据换乘导向标志或人工引导到达另一条线路的站台乘车。

2. 非付费区换乘

乘客到达换乘站下车后，根据换乘导向标志或人工引导到达站厅层付费区，然后通过出站闸机进入非付费区或出站，到另一条线路重新进入付费区或进站进行换乘。

（二）换乘方式及客流组织方法

根据乘客换乘的客流组织方式，可将车站换乘方式分为站台直接换乘、站厅换乘、通道换乘、站外换乘和组合式换乘，如图 4-6 所示。

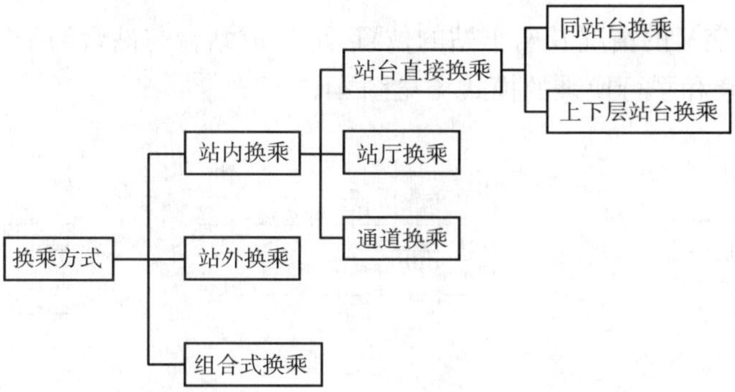

图 4-6　城市轨道交通不同线路间的换乘方式

1．站台直接换乘

站台直接换乘有两种方式：同站台换乘和上下层站台换乘。

（1）同站台换乘

同站台换乘是指两条不同线路的站线分设在同一个站台的两侧，乘客可在同一站台由甲线换乘到乙线。这种换乘方式适用于两条平行交织的线路，为方便客流组织宜采用岛式站台设计，要求站台能够满足换乘高峰客流量的要求，乘客无须换乘行走，换乘时间最短，但换乘方向受限。该换乘方式的车站可以为双岛式站台，见图 4-7；也可以为岛侧式站台，见图 4-8。

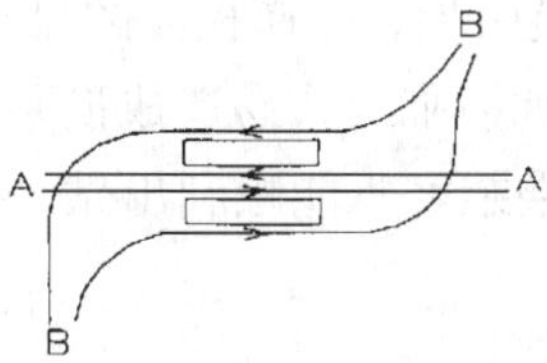

图 4-7　同站同平面双岛式换乘站

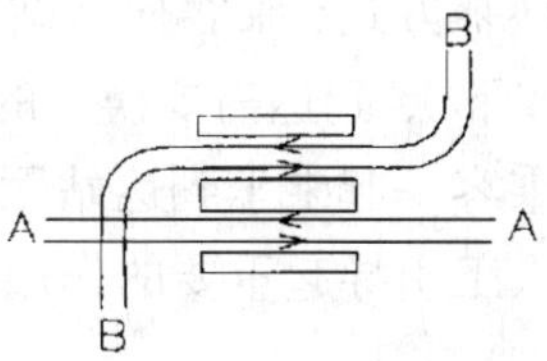

图 4-8　同站同平面岛侧式换乘站

双线双岛式站台能满足同站台两条线两个方向的换乘。双线岛侧式站台仅提供两线一个方向的换乘。这两种布置形式的其他换乘方向的乘客还需要通过站厅层或自动扶梯、楼梯进行换乘。

同站台直接换乘乘客流线如图 4-9 所示，此种换乘方式最为简便，乘客根据站台上工作人员的引导或根据站台的导向标志在同一站台的另一侧等候上车，如深圳地铁老街站为同站台换乘。

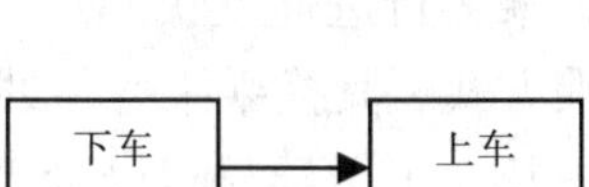

图 4-9　同站台直接换乘乘客流线

（2）上下层站台换乘

上下层站台换乘是指乘客由一个车站的站台通过楼梯或自动扶梯到另一个车站的站台直接换乘。这种换乘方式要求换乘楼梯或自动扶梯应有足够的宽度，以免发生乘客堆积和拥挤。

根据地铁线路交叉的情况及两车站的位置，可形成站台与站台的十字换乘（见图 4-10）、T 形换乘、L 形换乘和平行换乘的模式（见图 4-11）。

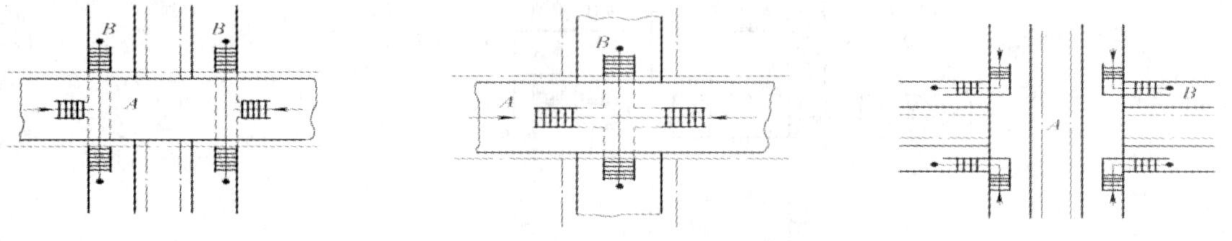

a)　　b)　　c)

图 4-10　城市轨道交通车站十字换乘模式

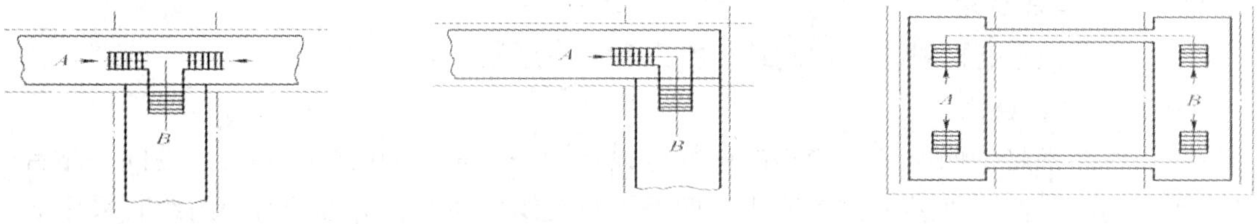

a)　　b)　　c)

图 4-11　城市轨道交通车站 T 形、L 形、平行换乘模式

上下层站台换乘乘客流线如图 4-12 所示，此种换乘方式是目前城市轨道交通车站较为普遍的换乘方式，乘客根据站台上导向标志及站台工作人员引导，选择相应的自动扶（楼）梯上（或下），到达需要换乘的线路站台上候车及上车。这种换乘方式易造成换乘的乘客随出站的乘客一起乘坐到达站厅的自动扶梯到达站厅，使换乘乘客不能顺利出站。因此，站台上的人工引导起重要的作用。

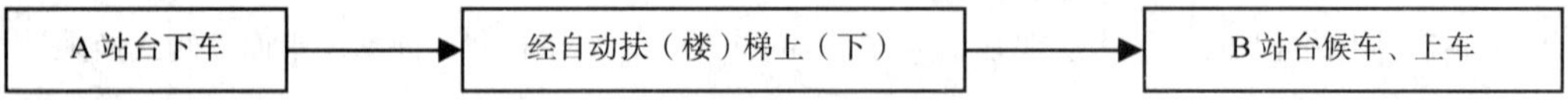

图 4-12　上下层站台换乘乘客流线

2. 站厅换乘

站厅换乘是指乘客由一条线的站台通过楼梯或自动扶梯到达另一条线站厅或两线共用的站厅，再由这一站厅通到另一条线站台的换乘方式。这种情况下，下车客流朝一个方向流动，应减少站台上人流的交织，乘客行进速度快。

两条线共用站厅付费区的换乘方式，其换乘乘客流线如图 4-13 所示。对于这种换乘方式，在共用站厅付费区的导向标志及人工引导显得极为重要。

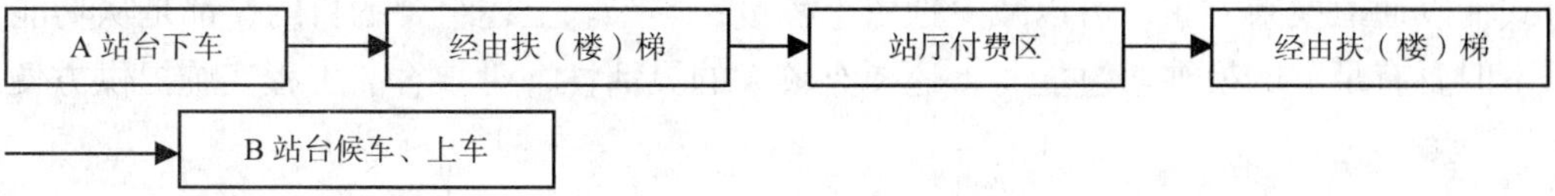

图 4-13　两条线共用站厅换乘乘客流线

两条线不共用站厅的换乘方式，其换乘乘客流线如图 4-14 所示。对于这种换乘方式，在两条线的站厅付费区均设置较明显的换乘导向标志，并配备一定的工作人员进行换乘引导，如深圳地铁布吉站为 3 号线及 5 号线的换乘站，3 号线站厅为高架一层、站台为高架二层，而 5 号线的站厅为地下一层、站台为地下二层，因此换乘乘客走行的距离较长。

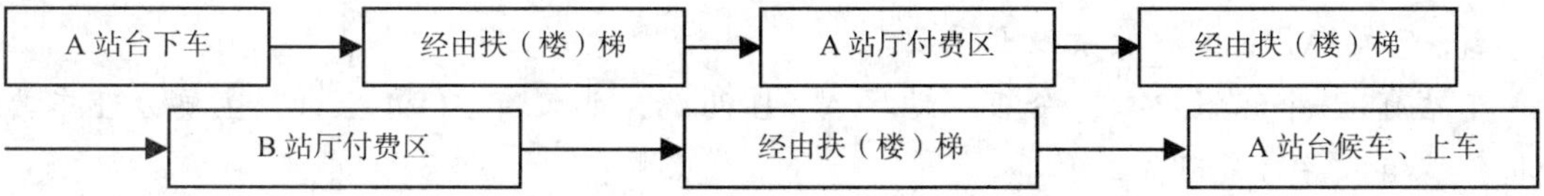

图 4-14　两条线不共用站厅的换乘乘客流线

3．通道换乘

如图 4-15 所示，两个车站通过设置单独专用的换乘通道为乘客提供换乘。通道可以直接连接两个车站的站台，这种方式换乘距离较近，换乘时间较短。通道还可以连接两个站厅付费区，换乘距离相对较远，换乘时间较长。

图 4-15　通道换乘乘客流线

这种换乘方式适用于两个车站靠得很近，但又无法建造同一个车站的情况，因此，它虽然没有同站台换乘方便、直接，但设有专用通道，能给乘客提供明显的换乘方向。通道换乘设计应注意上下行客流的组织，更应避免双方向的换乘客流与进出站客流的交叉紊乱。

4．站外换乘

站外换乘是指乘客在车站付费区以外进行换乘，实际上是没有专用换乘设施的换乘方式。采用站外换乘方式，往往是无线网规划造成的后遗症，一般不予推荐。这种换乘方式由于乘客必须增加一次进、出站手续，再加上在站外与其他人流交织和步行距离长，因而显得十分不便。对轨道交通自身而言，它是一种系统性缺陷的反映。因此，站外换乘方式应注意尽量避免。

5．组合式换乘

组合式换乘是上述两种以上换乘方式组合而成的一种换乘方式，实践中往往是几种换乘方式的组合，以便使所有换乘方向的乘客均能实现换乘。

例如，同站台换乘方式辅以站厅或通道换乘方式，使所有的换乘方向都能换乘；上下层站台换乘方式在岛式站台中，必须辅以站厅或通道换乘方式，才能满足换乘能力；站厅换乘方式辅以通道换乘方式，可以减少预留工程量；等等。上述组合的目的，都是从功能上考虑，不但要有足够的换乘通过能力，还要有较大的灵活性，为乘客、工程实施提供方便。

案例模块

一、某地铁车站日常进、出站客运流组织措施

1. 车站客流特点

某地铁车站位于××路，毗邻某火车站，附近有部分小区及商业广场。车站平日主要由上、下班人员及乘坐火车旅客的人组成主要客流，具有早高峰以进站客流集中、晚高峰以出站客流集中的特点。节假日高峰客流较明显。

2. 车站 AFC 设备数量及位置设置

车站有 2 个客服中心，分布在站厅 A、B 两端，共装有 BOM 2 台，主要办理车票的分析、赋值、异常处理等工作。

车站共有 2 组 TVM 共 6 台，分布于站厅 A 端、B 端。

车站共有进闸机共 6 台，出闸站机共 8 台，双向闸机 1 台，详见表 4-1。

表 4-1 车站闸机分布

出入口	C 口	D 口
进闸数量	3	3
出闸数量	4	4
双向闸机数量	0	1
合计	7	8

3. A 车站日常人员岗位设置及工作职责（见表 4-2）

表 4-2 日常人员岗位设置及工作职责

序号	岗位名称	人数	上班时间	下班时间	职责
1	A1/A2 值班站长	5	8:00/19:00	19:30/9:00	负责车站整体工作
2	C1/C2 行车值班员	4	8:00/19:00	19:30/8:30	负责完成行车工作，监控 CCTV
3	B1/B2 客运值班员	4	8:30/19:30	20:00/9:00	负责当班票务工作
4	D1/D3 售票员	12	6:40/14:30	15:00/22:30	兑零、乘客事务处理等业务操作
5	D2/D4 售票员		7:00/14:30	15:00/22:30	兑零、乘客事务处理等业务操作
6	E1/E2 厅巡		7:00/14:30	14:30/22:20	引导乘客进/出站，引导车票有问题的乘客到客服中心处理、巡视车站
7	G 顶岗班		10:00	19:00	协助客值收票、换钱箱
8	F1/F2 站台岗		6:50/14:30	14:50/22:20	负责监控下行站台乘客动态，组织好乘客上下车

注：表中 A1 为白班值站，A2 为夜班值站；C1 为白班行值，C2 为夜班行值； B1 为白班客值，B2 为夜班客值；D1、D2 为早班售票岗，D3、D4 为中班售票岗；E1 为早班厅巡岗，E2 为中班厅巡岗；F1 为早班站台岗，F2 为中班站台岗；G 为机动岗。本站以轮班制来排班，值站和值班员为四班两运转制，站务员为三班两运转，在满足轮班基本要求下，车站可根据一定的情况增加定员。

二、日常客流组织

1. 因车站乘客多使用储值卡，对出站闸机使用已熟悉，但从 C 口出的大部分乘客多使用单程票并且对出站闸机不熟悉，所以车站均安排厅巡在C口，另外售客服中心在票亭外没有人时兼做厅巡。

2. 因车站靠某火车站较近，车站进出的大多数乘客携带行李较大，站台A、B端电扶梯是站台关键点，现车站安排站台在乘客携带大件行李时提醒乘客乘坐升降电梯，安排厅巡在有乘客集中出站时职守。

3. 日常情况下客流组织图，见图 4-16 及 4-17。

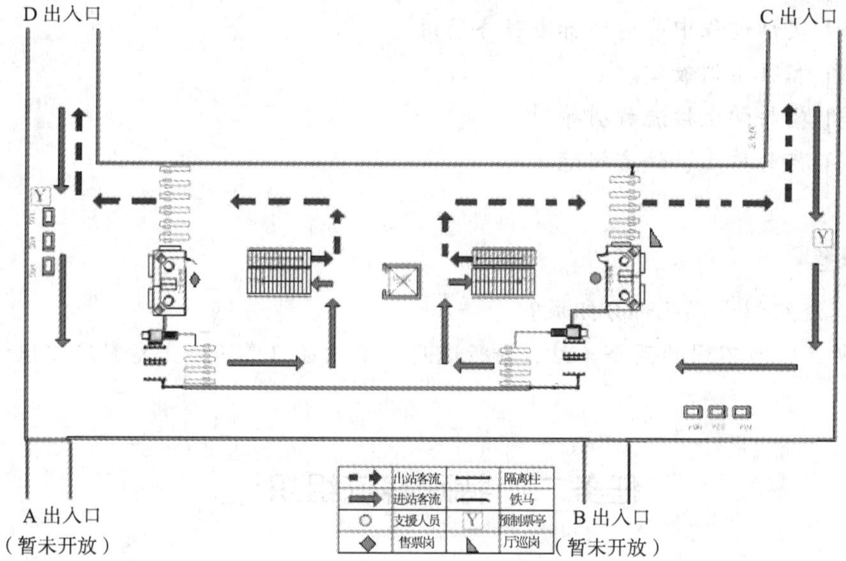

图 4-16　某地铁站日常情况站厅客流组织图

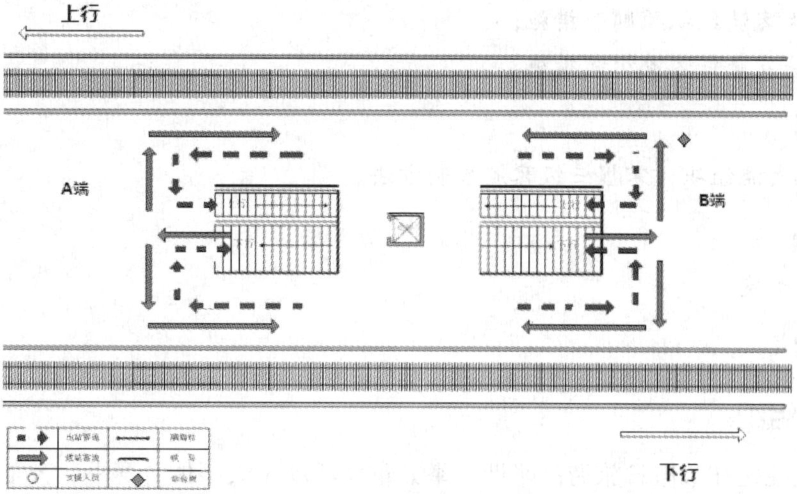

图 4-17　某地铁站日常情况站台客流组织图

三、高峰时间段及周末客流组织

车站日常高峰时段集中在乘客上下班时段，高峰时段，值班站长及客运值班员在车站加强巡视及乘客引导，如需要加强售票能力，车站可及时将顶岗班组织售票。客流组织方式站厅增加两个临时票亭售卖预制票；站台增加一人引导乘客上下车和乘坐扶梯的安全；必要时增设临时导向标识和隔离设施，组织乘客进出分流。

实操模块

[实训任务] 模拟进、出站及换乘客流组织引导。

[实训目的] 掌握地铁车站进、出站及上下层站台客流组织关键引导点的引导方法。

[实训要求] 实训过程中能运用标准服务用语。

[实训环境] 客服实训教室。

[实训指导] 指导学生按流程引导。

[实训考评] 行为举止、语言规范。

课后思考

1. 日常客流组织由哪几部分组成？

2. 参观所在城市不同的两个车站，分析这两个车站在日常进、出站客流组织方法上有什么不同？

任务二　特殊客流组织

学习目标

1. 掌握大客流的概念、分类及影响因素；
2. 掌握大客流组织原则和措施；
3. 掌握突发事件客流组织措施。

学习任务

模拟车站大流组织，掌握三级客流控制方法。

教学环境

客服演练教室。

理论模块

一、大客流组织

大客流往往是在节假日旅游高峰期，举办重大活动（大型体育赛事、音乐会等），风、雨、雪恶劣天气等情况下发生。主要表现为：非常拥挤或极度拥挤、乘客流动速度明显减缓、客流交叉干扰严重等。大客流虽然持续时间不长，但在大客流冲击情况下，往往对乘客的出行造成不利影响，对客流组织形成较大甚至很大的压力，对运营安全造成较大威胁。大客流组织的宗旨是在保证疏散客流安全的前提下，尽快地疏散客流，突出“安全、顺畅”主线。

（一）大客流定义及分类

大客流是指车站在某一时段集中到达的，客流量超过车站正常客运设施或客运组织措施所能承担的客流量时的客流。

1．根据大客流产生的影响和后果不同可分为一级大客流和二级大客流

（1）一级大客流

一级大客流的判定标准：各车站根据本站的正常乘客数量进行比较，站台聚集人数达到或大于站台有效区域的 80%，并且持续时间大于实际行车间隔时间。这种情况给乘客及轨道运营安全造成影响，存在明显的安全隐患。

（2）二级大客流

二级大客流的判定标准：各车站根据本站的正常乘客数量进行比较，站台聚集人数达到或大于站台有效区域的 70%，并有持续不断上升的趋势。这种情况下，乘客的正常出行和轨道交通所提供的服务水平受到一定程度的影响，车站比较拥挤，乘客感觉比较压抑，但尚未对乘客及轨道运营安全造成影响。

2．根据大客流的产生是否可预见又可分为可预见性大客流和不可预见性大客流

（1）可预见性大客流

可预见性大客流是指大客流发生的时间、增加的客流可通过历年的客流统计资料或通过新闻等媒体信息能进行提前预测的大客流，如节假日大客流、暑期大客流或大型活动大客流。

（2）不可预见性大客流

不可预见性大客流也称突发性大客流，是指大客流发生的时间及增加的客流是不可能预见的，如天气突然变化发生的大客流、民间自发聚集活动发生的大客流等。

（二）大客流组织的主要措施

1．增加列车运能

根据大客流的方向，在大客流发生时，利用就近的折返站（改变列车的运行交路）、存车线组织列车运行方案，实施增开临时列车，增加列车运能，从而保证大客流的疏散。列车的运能是大客流组织的关键。

2．增加售、检票能力

售、检票能力是大客流疏散的主要障碍，应采取事先做好票务服务的准备工作来疏散大客流。车站在设置售、检票设备位置时应考虑提供疏散大客流的通道。

（1）售检票设备的准备

在大客流发生前，设备维修人员应事先对车站全部售检票设备进行维护、检修，确保在大客流时售检票设备能正常使用。

（2）车票、零钞及售检票人员的准备

车站应根据客流预测和以往大客流所消耗的车票和零钞数，在大客流发生前，向票务部门申领和准备足够的车票（如预制票、纸票）、零钞和及售检票人员。

（3）临时售票亭的准备

车站根据大客流的进出方向，选择在进站客流较集中的地面、通道、站厅或某个集中进站较多的出入口外增加设置临时售票亭。

3. 充分准备好客运设备设施和人员

在大客流疏散时，可采取事先做好相关客运服务设备设施的准备工作来疏散大客流。

（1）自动扶梯和垂直电梯的准备

车站应事先通知厂商对车站全部自动扶梯和垂直电梯进行维护、检修。重点检查自动扶梯的毛刷、梳齿板和扶手带，确保在大客流三级控制时，自动扶梯能正常开启转换。

（2）临时导向标志和隔离设备的准备

车站应储备一些临时导向标志、告示牌和铁马、伸缩铁围栏、隔离带等隔离设备，在大客流发生前，根据大客流的进出方向和客流组织的要求，选择适当的位置张贴和摆放临时导向标志、告示牌和铁马、伸缩铁围栏、隔离带，来有序地引导客流，如图 4-18 所示为用于临时隔离的铁马。

图 4-18　铁马

（3）其他客运服务设备设施的准备

大客流发生前，车站还应准备人工语音广播和语音合成广播词、乘客咨询系统发布信息及急救药品、担架等，并根据车站工作人员的情况，相应增加手提广播、对讲机等客运设备。

4. 采取临时疏导措施

在大客流组织中，临时合理的疏导，对客流方向进行引导、逐步限制是一项很重要的组织措施。主要包括出入口、站厅层的疏导，站台扶梯以及站台层的疏导。

（1）出入口、站厅的疏导

根据临时售、检票位置的设置，引导、限制客流流动的方向。临时售、检票位置宜设置在站外或站厅层较空旷的位置，应为排队购票的乘客留出充分的空间，确保通道的畅通，维护出入口、站厅客流的秩序。

（3）站厅、站台扶梯以及站台的疏导

为了尽量保证客流均匀、安全地上下扶梯和尽快上下列车，并均匀进入车厢，保证站台候车的安全。站务人员应在靠近楼梯、扶梯处站岗并分散在站台前、中、后部疏导乘客，采取的疏导措施主要有：设置临时向导（如临时导向牌、告示）、设置警戒绳或隔离栏杆、采用人工引导以及通过广播宣传引导等。

5．采取三级客流控制或关闭出入口进行进出分流

大客流往往是难以预测的，因此为了保证大客流发生时疏散客流的安全，在难以采用有效措施及时疏散客流时，为避免人潮拥挤、混乱失控可采用三级客流控制以及关闭出入口或对某部分出入口限制乘客进入车站的措施来阻止一部分客流或延长大客流疏散的时间。

为了保证大客流发生时能安全疏散客流，应遵循三级客流控制的原则和方法，根据各车站具体情况建立切实可行的大客流控制预案，合理安排各岗位和地点的具体工作，迅速缓解车站压力，避免意外发生。

（1）三级客流控制的原则

① 坚持由下至上、由内到外的客流控制原则：在车站的三个区域控制客流，即车站出入口，车站入闸机，站厅与站台的楼梯（电扶梯口）三处进行重点控制进站客流，组织乘客上车，尽量保证客流均匀、安全地上下扶梯和尽快上下列车，保证站台候车的安全。

② 坚持分工明确、点控和线控的原则：控制指挥中心负责地铁全线的客流控制，车站站长或值班站长负责本站客流控制，根据各站客运能力控制进站客流，组织乘客上车。

③ 坚持集中领导、统一指挥的原则：车站在实施大客流控制之前，须向行调报告。

（2）三级客流控制的方法

① 第一级为控制站台客流，控制点在站厅与站台的楼梯（或自动扶梯）口处

车站应将站厅与站台之间的向下方向自动扶梯改为向上方向，避免客流交叉，还可在向下方向的自动扶梯前摆放隔离带（如图 4-19 所示为伸缩隔离带），分批放行乘客进入站台，放缓乘客进入站台的速度。同时，站务人员应分散在站台的各部维持候车、出站秩序，协助驾驶员开关车门，确保乘客安全上下车。

② 第二级为控制付费区客流，控制点在进站闸机处

车站可根据实际情况关停部分自动售票机、进站闸机或将部分双向闸机设为只出不进，紧急情况下可以采用隔离带、铁马隔离进站闸机，以减缓乘客进入付费区的速度，防止付费区压力过大。

③ 第三级为控制非付费区客流，控制点在车站出入口处。

车站可在站外设置迂回的限流隔离栏杆，延长进站时间，人为地控制出入口的乘客进站速度，必要时可关闭部分出入口，最大限度缓解站台层客流压力。

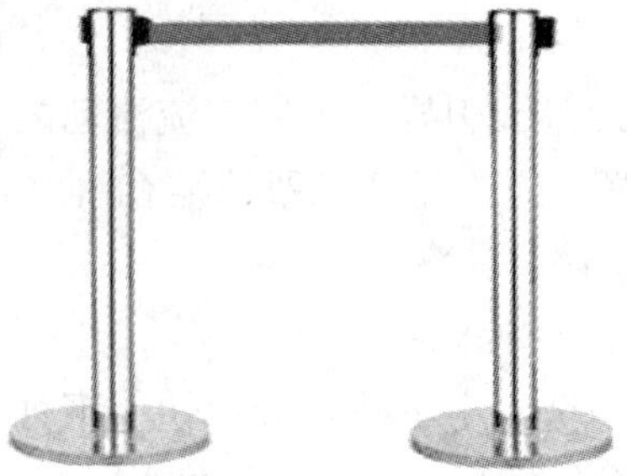

图 4-19　伸缩隔离带

（三）大客流组织程序

各城市轨道运营单位制定大客流的组织程序不尽相同，大致程序为：

值班长应及时报告行调，行调通过监视系统加强对车站客流情况的监控；车站应加强现场疏导工作，增加工作人员，利用隔离带、铁马做好秩序维护和服务组织工作；车站应在适当位置增设临时售票亭，出售预制票，避免 TVM 前乘客排长队购票的情况出现；车站根据现场情况，利用告示牌、临时导向标志、车控室广播设备、手提广播，适时做好乘客的宣传、引导工作；车站行车值班员应通过监视系统，加强对现场情况的监控工作；车站应加强对出入口、站厅、站台客流的监控及疏导，避免站厅非付费区内人员过度拥挤或流通不畅；车站应根据客流情况实行楼梯和自动扶梯、闸机、出入口三级控制：当站台发生拥挤时采取一级客流控制，当车站客流接近瓶颈通过能力时（站台滞留乘客达站台中心线、站厅付费区乘客排至进站闸机处）采取二级客流控制，当站厅及各售票点（含客服中心、TVM 及各临时票亭）均排队过长、且出现乘客拥堵时采取三级客流控制或关闭部分出入口。为了保证大客流时乘客的安全，站务人员应密切注意站厅、站台和列车情况，一旦发生列车上乘客拥挤、乘客上车有困难时，车站应立即向控制指挥中心请求加开列车；列车驾驶员发现有乘客上不了车或影响车门、屏蔽门关闭时，应及时报告行调，并通过广播引导乘客有序上车。

二、突发事件客流组织

（一）突发事件应急设备的操作

为了应对可能突发的状况，保护乘客的安全，城市轨道交通运营企业一般在列车和车站内都安装一定的应急设备，当出现突发事件时，站务人员和乘客均可以通过应急设备进行报警或自救。

1．车站应急设备

车站应急设备分为事故救援应急设备和车站机电设备应急装置。

车站救援应急设备有呼吸器、逃生面具、应急灯、担架、存尸袋、便携式扶梯、湿毛巾、抢险锤、防汛铁锹、挡水板、草垫子、编织袋等。车站应急抢险器材必须指定专人保管，不得随意挪作他用。车站应定期组织员工演练，掌握作用定期进行检查设备的有损坏和数量不足，以确保突发情况发生时能够正常使用。

车站机电设备应急装置主要有火灾报警器、自动扶梯急停装置、紧急停车按钮、屏蔽门自动解锁装置、屏蔽门应急门。各种设备的安装位置和数量均根据不同系统的建设要求而有所不同，各类应急设备的启用时间不同，必须在发生危及列车行车安全或人身安全的紧急情况下使用。

2．列车应急设备

现代地铁车厢无论是在乘客车厢，还是车辆驾驶室内都安装应急设备，主要包括应急疏散门、紧急报警装置、灭火器和紧急开门装置等。

（二）突发事件客流组织

突发事件是指没有发生任何征兆的情况下，在城市轨道交通车站内、列车上或其他设备设施内突然发生的危及人身安全的事件，如自然灾害（地震、洪水、台风等）、人为因素（火灾、爆炸、毒气袭击等）、设备因素（火灾、停电、列车运营故障等）。突发事件发生时在车站内或列车上的客流均称为突发事件客流。

突发事件发生后，应及时组织乘客采取各种措施进行自身防护，快速、有序地离开车站、列车内。突发事件客流组织的方法有疏散、清客和隔离。

1．疏散

疏散是指在紧急情况下，利用一切通道和出口迅速将乘客从危险区域全部转移到安全区域，包括车站疏散和隧道疏散。

（1）车站疏散

车站疏散需要各个岗位密切高效配合，争取最短的时间内尽快疏散乘客。各岗位具体的作业内容及程序如下：

值班站长宣布车站执行疏散程序，在上级领导未到达前担任现场临时指挥，指挥抢险或乘客疏散；疏散完毕后，检查是否还有乘客滞留，并关闭出入口；如危及员工安全，应组织员工到紧急出入口或后备紧急出入口集中；如有乘客被困在站台，应安排行调安排一列空车前往车站疏散乘客，安排人员安抚和维持站台秩序；如需要外部支援时，应安排一名站务员到紧急出入口引导支援人员进站。

行车值班员报告行调疏散的原因、列车的运行情况，视情况请求支援并通知公安维持秩序；使 AFC 系统进入紧急放行模式，开启相应的环控模式并通过 PIS 发布疏散信息。

其他各岗位人员应值班站长的统一指挥下在指定的地点或区域指引或引导乘客从危险的区域到安全的区域。

（2）隧道疏散

当隧道内或列车上发生突发事件后，司机要立即向行车调试员报告请求执行隧道疏散。当车站接到行车调度员或列车驾驶员需要隧道疏散的通知后，值班站长担任临时应急负责人，通知各岗位员工执行车站疏解程序，指定客运值班员负责组织疏散车站乘客；此时开启隧道灯，需要时开动通风设备，并带领站务员或保安，穿好装备，到隧道疏散现场负责引导乘客往车站疏散；在确认乘客疏散完毕和线路出清后，报告行车调度员，关闭车站。

2. 清客

清客是指车站或列车出现异常时（如停电、列车停止运行等），需要将乘客从某一区域全部转移到另一区域。包括车站清客和列车清客。

（1）车站清客

车站清客主要作业内容及程序如下：

值班站长组织车站员工对车站乘客进行清客，引导乘客退票；检查车站内是否有滞留的乘客，无滞留乘客时及时关闭出入口，并召集所有员工等待恢复运营，同时安排人员到紧急出入执勤。

行车值班员通知各岗位员工车站停止服务，执行清客程序，并使 AFC 系统进入紧急放行模式；通过乘客信息系统发布车站停止服务信息，在关站后执行节电照明模式。

客运值班员引导乘客办理退票或出站，并根据需要为售票配备零钞；统计退票数量，并将回收单程票封好后上交票室。

其他人员在指定的地点做好乘客引导和办理退票手续，并维持好秩序。

（2）列车清客

列车清客主要作业内容及程序如下：

行车值班员接到列车清客命令后，立即通知值班站长、厅巡和站台岗站务员执行列车清客程序，并通过 PIS 发布相关服务信息；厅巡和站台站务员在规定的时间内完成对列车上乘客的清客工作，同时引导乘客退票或在同站台或另一站台等候下一趟列车；值班站长要做好乘客的解释和安抚工作，将情况汇报给站长；清客完毕后，行车值班员应及时将完毕时间汇报行调。

3. 隔离

隔离是指采用某种方式或设备人为地隔开人群或封闭某个区域。根据造成隔离的原因分为非接触纠纷隔离、接触式纠纷隔离、客流流线隔离和疫情隔离。

案例模块

案例一　突发大客流组织

学习大客流组织可通过与车站正常情况下的客流组织来对比学习。因此，此案例选用的车站与进、出站客流组织选用的车站为同一车站，在此不再叙述车站设备布置的特点。本站突发大客流是进站突发大客流，主要集中在 D、C 出入口。

一、突发大客流的组织程序

1. 当车站进站人数激增，车站现有售票能力无法满足需求，值班站长应立即将情况报告站务车间及票务中心，加开预制票亭，加快乘客进站速度，同时在站台、进出闸机增加引导岗位。

2. 当出站客流不能及时疏散时，及时汇报值班站长，值班站长立即向站长汇报，站长即刻向上级领导汇报，请求支援。

3. 当站台的容量饱和时，车站采取一级客流控制，站厅在楼梯口负责人与站台负责人将乘客暂时阻挡在站厅，等候下一班列车。

4. 当客流接近车站瓶颈通过能力时（滞留乘客站台：达站台中心线，站厅：排至付费区闸机外），车站采取二级客流控制，在进站闸机处截流，分批放行。

5. 当站厅及各售票点（含票亭、TVM 及各预制票点）均排队过长，且出现乘客拥堵时，车站采取三级客流控制，关闭 C 口，并摆放告示指引乘客从其他口进出，会同公安、保安在出入口进行客流控制，摆放铁马绕行，分批请乘客进站。

6. 当进站人数继续增加，同时站台候车乘客激增，每趟列车过后站台均有滞留乘客时，值班站长应立即将情况报告行调，申请加开列车。

7. 当客流恢复正常后，值班站长通知各岗位各出入口正常放行，并逐步减少售票岗位。

二、大客流情况下车站岗位设置及备品（见表 4-3 和 4-4）

表 4-3 大客流情况下车站岗位设置

序号	地点	岗位名称	上班时间	下班时间	职责	携带备品
1	全站	A1 值站	8:00	19:30	负责车站整体工作	对讲机
2	票管室内	B1 客值	8:30	20:00	负责当班票务工作，主要在票管室	对讲机
3		B1 内协	8:30	18:00	协助票管室工作，主要在室内	
4	车控室	C1 行值	8:00	19:30	负责完成行车工作，监控 CCTV、接打行调电话等	800 兆、对讲机
5		C1 协	8:30	18:00	协助行值，负责订餐，安排顶岗吃饭、休息、接打行调电话以外的电话、顶岗等事务，乘客较多时，到站台引导乘客上下车。	对讲机
以下为站厅岗位						
6	站厅	站厅负责人（A1 协）	8:30	18:00	负责站厅客流组织及处理乘客事务，安排区域内顶岗吃饭/休息。	对讲机、扶梯钥匙
7		B1 外协	8:30	18:00	协助客值工作，负责当班乘客事务处理，每 2h 收一次票，主要在室外	对讲机、票务钥匙一套
8	站厅 客服中心	D1	6:40	15:00	兑零、乘客事务处理等业务操作、客服中心前无人时出来引导	
9		D3	14:30	22:10	兑零、乘客事务处理等业务操作、客服中心前无人时出来引导	
10		D2	7:00	15:30	兑零、乘客事务处理等业务操作、客服中心前无人时出来引导	
11		D4	14:30	22:30	兑零、乘客事务处理等业务操作、客服中心前无人时出来引导	

续表

序号	地点		岗位名称	上班时间	下班时间	职责	携带备品
12	站厅	站厅	E1	7:00	14:30	引导乘客出闸、购买预制票，及时分流客服中心、TVM 排队乘客，确保客流组织顺畅；发现闸机、TVM 故障报车控室，放置暂停服务牌，巡视车站。	对讲机、手提广播、边门卡
13			E2	14:30	22:12	引导乘客出闸、购买预制票，及时分流客服中心、TVM 排队乘客，确保客流组织顺畅；发现闸机、TVM 故障报车控室，放置暂停服务牌，巡视车站。	
14		G 顶岗班		10:00	19:00	顶票亭吃饭；协助客值收票、换钱箱，顶站台岗休息 ，乘客较多时担任预制票岗	对讲机
15		C 口	Y1 预制票	8:30	18:00	卖预制票，卖预制票前到 B 端 TVM 处引导，并换休	验票仪、验钞机
16		D 口通道处	Y2 预制票	8:30	18:00	卖预制票，卖预制票前到 A 端 TVM 处引导，并换休	验票仪、验钞机
17		站台负责人（值班员及以上）		8:30	18:00	大客流情况下负责站台组织	对讲机、腰包、站台钥匙
18		F1 站台		7:00	15:30	负责监控站台乘客动态，组织好乘客上下车，主要负责接发车及站台全面引导和安全	对讲机、腰包、站台钥
19		F2 站台		14:30	22:00	负责监控站台乘客动态，组织好乘客上下车，主要负责接发车及站台全面引导和安全	对讲机、腰包、站台钥匙
20		F 协 1		8:30	18:00	负责监控站台乘客动态，组织好乘客上下车，主要负责接发车及站台 A 端全面引导和安全	腰包
21		F 协 2		8:30	18:00	负责监控站台乘客动态，组织好乘客上下车，主要负责接发车及站台 B 端全面引导和安全	腰包

表 4-4　大客流情况下车站备品设置

序　号	物品名称	数　量	摆放位置	备　注
1	铁马	10	站厅、出入口	
2	导流伸缩带	120	站厅	
3	临时票亭	2	C 口车控室前一个；D 口一个	
4	手提广播	4	车控室	
5	腰包	8	车控室	
6	对讲机	7	车控室	

三、大客流期间客流组织图

1. 大客流期间站厅客流组织流线及设备设施和人员的安排，如图 4-20 所示。

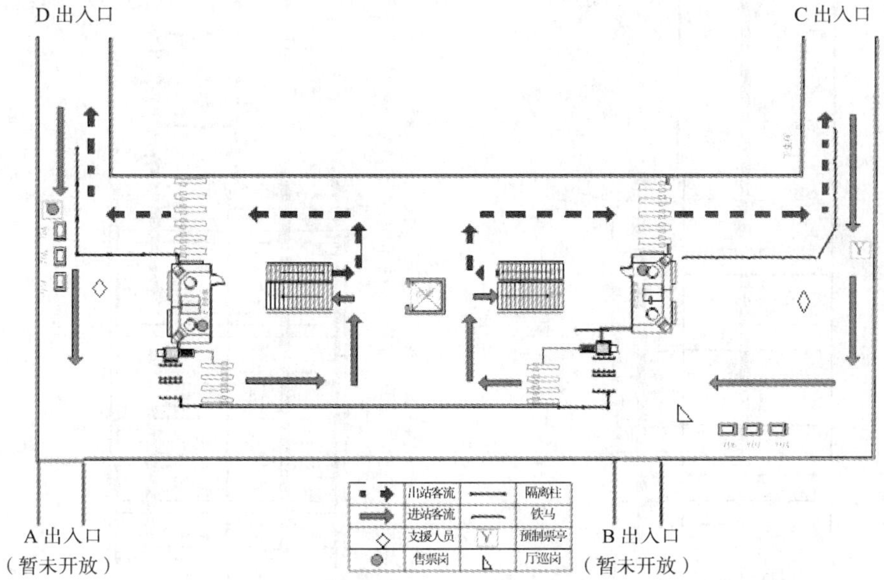

图 4-20　某地铁站大客流站厅客流组织图

2. 发生大客流时站台客流组织流线及人员和设施安排情况，如图 4-21 所示。

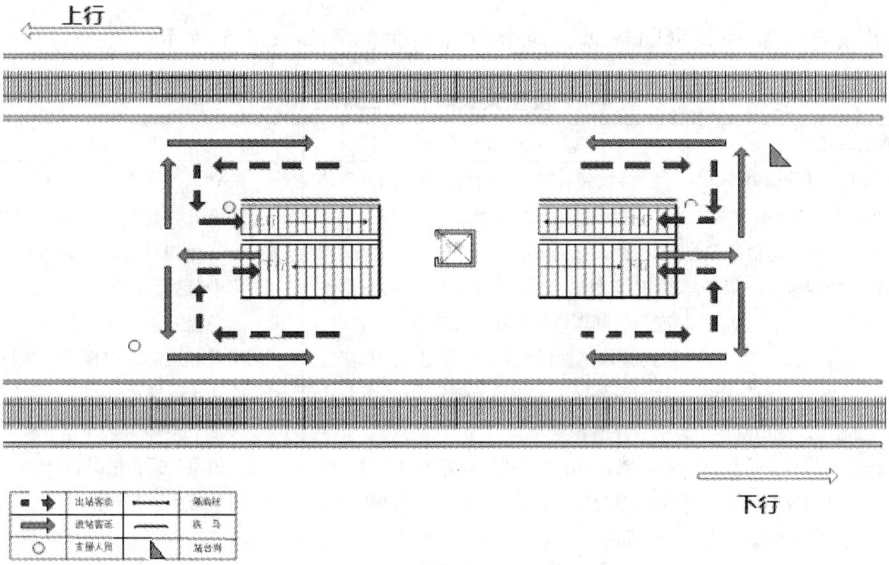

图 4-21　某地铁站大客流站台客流组织图

3. 发生大客流时，出入口客流组织流线及设施和人员安排情况，如图 4-22 所示。

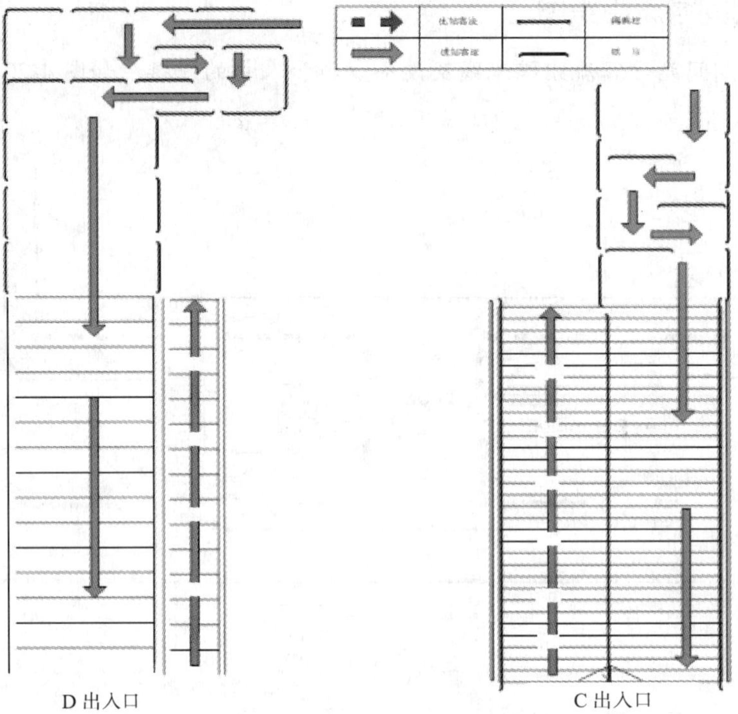

图 4-22　某地铁站大客流情况出入口铁马设置图

案例二　设备区火灾客流疏散

某地铁站设备区发生火灾组织客流疏散时各岗位职责如表 4-5 所示。

表 4-5　发生火灾时各岗位职责

值班站长	行车值班员	客运值班员
(1)接到火警通知后，立即做好个人防护（穿戴防烟面具、荧光衣等），携带相应房间钥匙等和客运值班员一起到现场，确认发生火灾后，担任事故处理主任，宣布执行设备区火灾应急处理程序，组织灭火。 (2)确认火灾不可控制时，关闭火灾房间的防火门，及时组织疏散乘客。 (3)消防队到现场后，将有关信息通报给消防负责人后，视情况组织员工灭火或撤退；当撤退时负责确认所有站内人员的疏散完毕。 (4)安排人员在出入口拦截乘客进站。 (5)负责与各方的协调与沟通	(1)接收到火警信息后，立即通知值班站长、客运值班员到报警点确认。 (2)确认发生火灾后，报行调、环调，视情况报 119、地铁公安和 120，并根据情况向行调申请列车在本站通过。 (3)现场不能控制时，广播通知所有岗位执行设备区火灾应急处理程序，并反复广播引导乘客疏散。 (4)按压 AFC 和扶梯紧急按钮，将闸机设为紧急模式，执行相应的环控模式。 (5)及时将火灾情况报告行调，并与行调、值班站长保持联系，确认保洁人员到紧急出口外张贴告示、报消防人员、120。 (6)撤退时，要确认广告照明、一般照明以及电扶梯等已关闭，随身携带与行调联系的无线电台。	(1)接到火警通知后，立即做好个人防护（穿戴防烟面具、荧光衣等），和值班站长一起赶到现场，确认火灾不可控制时，立即赶到车控室，确认所有闸机已设为紧急模式、扶梯已关停、广告照明已关闭及相应的环控模式的执行（同时注意确认疏散指示开启，下同）。 (2)按照环调命令，操作有关设备，确认行车值班员报警情况。 (3)听从值班站长安排。

续表

值班站长	行车值班员	客运值班员
巡视岗	售票岗 1	售票岗 2
（1）接到执行火灾应急处理程序的通知后，立即关停扶梯，到站台组织乘客向站外疏散。	接到执行火灾应急处理程序的通知后，收好钱和票，关闭票亭电源，将闸机和边门打开，疏导乘客出站。 （2）关闭电扶梯。 （3）到出口拦截乘客进站并作好解释工作。	（1）接到执行火灾应急处理程序的通知后，收好钱和票，关闭票亭电源。 （2）将闸机和边门打开，利用手提广播疏散乘客出站。 （3）确认站厅乘客全部疏散出站后报车控室。 （4）听从值班站长安排。
保洁员	司机	备注
（1）接到执行火灾应急处理程序的通知后，到车控室拿“安民告示”，到出入口进行张贴，并关停出入口扶梯。 （2）等候消防队到来后，引导到现场灭火。	（1）列车进入车站停车时，司机发现火灾立即手动对标，严禁擅自开门，做好乘客广播，通知车上乘客在该站不下车，报行调按行调命令执行。 （2）如行调决定在火灾站通过时，司机做好乘客广播并加强瞭望确认进路。 （3）当列车停在站发现火灾时，立即关门动车开往下一站，并报告行调（司机必须确认凭证）。	1. 当进行现场处理时，要注意做好个人防护。 2. 当员工需撤离到站外时，需到紧急出口外进行集中，由值班站长点名确认，并向行调留下联系人及其电话。 3. 换乘站发生类似紧急情况时，车站要进行联动处理。 4. 对于巡视岗和站台岗合并或只有一个票亭岗或只有一个厅巡岗的车站，由事故处理主任根据车站实际情况做好人员岗位的安排。 5. 凡火灾、毒气事件清客时均需保洁人员配合在出入口张贴告示、关停出入口扶梯、在出入口等待并引导消防队。

实操模块

[实训任务] 模拟三级客流控制。
[实训目的] 掌握地铁车站三级客流控制的原则及具体方法。
[实训要求] 实训过程中能运用一定的设施进行控制并会运用标准用语。
[实训环境] 客服实训教室。
[实训指导] 指导学生按控制原则进行客流控制。
[实训考评] 行为举止、语言规范。

拓展模块

1. 突发事件处理原则

（1）参与应急事件处理的各岗位员工都应紧急行动起来，及早汇报，及时抢救，迅速开展工作；

（2）坚持“先救人，后救物；先全面，后局部”的原则，优先组织人员疏散、伤员抢救，同时兼顾重点设备和环境的防护，力争将损失降低到最低；

（3）兼顾现场的保护工作，以利于公安、消防和事件调查部门的现场取证；

（4）员工现场应急事件处理时应沉着冷静，反应迅速，做到早发现、早报告、早控制。严格执行规定的标准和程序时，做好乘客疏导和安抚工作，维持乘客秩序和减少乘客工恐慌。要注意使用统一代号通知车站员工执行紧急疏散程序，以免发生恐慌；

（5）员工在应急事件处理时，坚持对外宣传口号归口管理的原则，不得擅自发布相关信息；

（6）突发事件发生时，紧靠就近处理的原则。在上一级应急处理负责人到达现场前，员工按表 4-6 所示规定担任现场临时应急处理负责人。

表 4-6　应急处理负责人

序　号	发生处所	现场临时负责人
1	列车上（列车在区间）	本列车驾驶员
2	列车上（列车在车站）	所在站值班站长
3	车站	所在站值班站长
4	区间线路上	行车调度员指定的值班站长
5	车厂	车厂调度
6	其他场所	现场职务最高的员工

课后思考

1. 大客流组织措施有哪些？
2. 突发事件客流组织措施有哪些？

项目五　城市轨道交通乘客事务处理

项目描述

本项目通过分析乘客事务产生的原因、乘客投诉的心理活动使学生掌握有效处理乘客咨询、建议、表扬和投诉等事务的原则及技巧；通过了解车站及列车对乘客失物的处理规定来妥善保管乘客遗失品。

任务一　乘客咨询、建议和表扬的处理

学习目标

1. 掌握乘客事务的类型及乘客事务处理的原则；
2. 掌握乘客咨询、表扬及建议的处理规定和技巧。

学习任务

掌握乘客咨询、表扬及建议的处理。

教学环境

多媒体教室或者客服演练室。

理论模块

一、乘客事务的类型

乘客在乘坐地铁时对员工服务、设施设备、环境卫生、治安、地铁政策等方面会产生肯定、疑惑等心理状态，此时乘客对这种心理状态采取一定的行为表现，即对地铁的投诉、建议、咨询、表扬等，此类事务统称为乘客事务。

二、乘客事务处理的原则

1. 公平公正原则

处理乘客事务时应坚持客观、公正。客观是指按事物的本来面目去反映，不掺杂个人的主观意愿，也不为他人意见所左右。公正就是平等、公平正直，没有偏失。

2. 首问责任制原则

首位接待乘客的员工负责全程跟进乘客需求，并对乘客最终满意度负责。

3．顾全大局原则

处理乘客事务时尽量减少对其他乘客的影响，遇复杂事件或乘客意见较大的情况尽量带乘客到乘客较少的区域或会议室内处理事务。

4．现场处理原则

受理乘客事务的个人或部门要尽量在现场处理完毕，确保事务处理的有效性。

5．及时原则

乘客事务必须及时处理，不能让乘客长时间等待。如当事人第一时间不能处理，应立即通知上级，相关人员接到信息后，必须在3分钟内到场为乘客处理相关事务。

6．满意原则

在处理乘客事务时，尽量满足乘客的需要，做好服务补救措施，并及时将无法处理或乘客对回复不满意的投诉向上级反映，尽量使乘客满意。对于曾进行过投诉、建议的乘客，服务热线应定期电话回访并寄送地铁宣传资料，体现地铁对乘客的关注和尊重。

三、乘客咨询、表扬及建议的处理

当乘客提出咨询时，员工应停止手中的工作驻足仔细聆听，如果咨询事项比较复杂，应该做好记录；如乘客咨询的事务属于站务人员职责范围内的问题，员工应立即答复乘客；如乘客咨询的事务属于站务人员职责范围外的问题时，员工应告知乘客咨询的处所，必要时，员工可以引导乘客前往该处进行咨询；对于属于地铁客运服务之外的合理问题，也应该尽量回复乘客，或告知乘客可以获取相关信息的方式，以最大限度地满足乘客需求。

当乘客对站务人员的服务很满意时，则会对乘客提出的表扬。对于乘客提出的表扬员工应当场表示感谢；如乘客以小费、现金、礼品等财物表示感谢则不得随意接受，如确实无法推脱，应当在《车站日常乘客事务处理表》记录并将财物上交公司；当乘客赠送锦旗等以表扬时，锦旗等物应由所表扬的集体或个人妥善保存。

乘客建议是指乘客对轨道交通系统中提供的服务活动等客观存在的人或事件提出自己的见解或意见，使其具备一定的改革和改良的条件，并使其向着更加良好的、积极的方面去完善和发展。

当乘客提出建议时，员工应仔细聆听，做好记录，并对乘客的热心建议表示感谢。对于曾经提出过建议的乘客，客服热线应定期回访，体现地铁企业对乘客意见的重视。

实操模块

[实训任务] 模拟乘客咨询时站务人员的作业。

[实训目的] 掌握乘客咨询时的处理原则及方法。

[实训要求] 实训过程中能运用一定标准用语处理乘客咨询事务。

[实训环境] 客服实训教室。

[实训指导] 指导学生针对不同的咨询事务进行不同的处理。

[实训考评] 行为举止、语言规范。

课后思考

1. 在日常工作中经常发生的乘客事务有哪些?
2. 如何理解乘客事务处理时的首问负责制?

任务二 乘客投诉处理

学习目标

1. 掌握乘客投诉的原因及类型;
2. 乘客投诉处理的流程及技巧。

学习任务

会处理乘客投诉。

教学环境

多媒体教室或者客服演练室。

实操模块

工作责任心不强，引发投诉

事情经过:

2005 年 9 月，两位乘客从 A 进站，该两名乘客持一张城市一卡通进站，当一名乘客持城市一卡通进站以后，再由另一位乘客到 A 站 BO1 客服中心更新，当时 A 站售票员没有问清乘客是多少人进站，并马上用 BOM 进行了进站更新。当这两名乘客到达 B 站以后，其中一人无票出站被厅巡发现，厅巡指责乘客违章使用车票，使乘客感到不满意。后来该乘客坚持不肯补票，称 A 站可以允许其使用一张票两人进站。当值班站长到达现场，解释其票务政策，乘客勉强愿意补全程车票，但对地铁告示，员工的指引表示不满意，向服务热线投诉。

事件分析:

1. A 站售票员对于乘客进站更新车票，没有了解和确认原因，导致乘客一票多人进站，是导致乘客出站补票不满的主要原因。

2. B 站厅巡语气使用不当，导致乘客产生反感。

3. B 站没有及时与 A 站联系，做好沟通，避免出现此问题。

技巧点评:

1. 员工在处理乘客车票时应加强工作责任心，特别是城市一卡通、储值票乘客持车票无法进站时，应确认乘客是否一票多人进站，及时提醒乘客注意。

2. 厅巡发现此情况时，应礼貌向乘客了解清楚原因，向乘客做好票务政策的解释;

3. 值班站长要及时到场，向乘客解释，并向乘客道歉因员工的疏忽给乘客带来不便，希望乘客能够谅解。

理论模块

一、乘客投诉及产生的原因

随着社会经济的增长，人们的生活水平也在不断地提高，城市居民日常生活的质量也越来越高，而城市轨道交通已经成为城市居民日常生活的必需，因此，人们对乘坐地铁时对服务质量心理期望也越来越高。

当乘客在乘坐轨道交通过程中实际感知到服务质量与自身的期望存在差距（或良好的愿望不能得到满足）时，就会产生不满意或报怨，把这种情绪通过口头或书面的方式表达出来，即称为乘客投诉。乘客投诉可以采取电话、信函、面谈、互联网形式进行。

乘客乘坐轨道交通时的实际感知主要表现在以下几个方面：

（1）客运服务设备设施；

（2）客运服务人员的服务态度、服务方式及服务技巧；

（3）服务场所环境卫生；

（4）服务承诺；

（5）企业规章及政策。

二、乘客投诉的分类

按责任是否属于城市轨道交通单位，乘客投诉一般可分为有责乘客投诉和无责乘客投诉两大类。

有责投诉按事件的性质及产生后果的轻重，又可以分为一类有责乘客投诉、二类有责乘客投诉和三类有责乘客投诉。不同地铁对投诉的归类有所不同，现以某地铁公司对投诉的归类来学习一、二、三类投诉的性质。

1. 由于下述情况引起的乘客投诉，列为一类有责乘客投诉

服务工作中未能运用服务知识与技巧；

不及时放置警示牌，误导乘客；

不主动维持乘客购票、进出站和候车秩序；

没能礼貌、耐心解答乘客的问题及采取力所能及的措施帮助有困难的乘客；

出售或充值储值票时，未请乘客确认显示屏上的金额；

列车车门或屏蔽门故障暂停使用，没有及时张贴故障的标示；

不按规定播放广播或播放不及时；

接到乘客求助，3 分钟内未能赶赴现场；

运营时间出入口关闭，没有摆放告示；

车站公告栏的内容与实际运营不符；

员工因过失找错钱、卖错票且金额在 10 元以下；

其他违反乘客服务标准的行为，尚未造成乘客损失。

2. 由于下述情况引起的乘客投诉，列为二类有责乘客投诉

对乘客投诉的调查弄虚作假或隐瞒不报；

与乘客发生争执、拉扯的行为；

列车清客、晚点时，未做好广播及解释工作；

末班车未提前做好广播；

对乘客违反规定的行为不给予制止；

在岗位上干与本职工作无关的事；

提前关站或延误开站时间 10 分钟以下；

对乘客讲斗气、训斥、顶撞的话；

列车清客时，工作人员用物品敲打车厢、扒拉乘客；

客服中心人员找零不足，造成乘客投诉（除找零硬币不足的情况外）；

由于员工失误，错误引导乘客或造成经济损失 10 元以下的；

列车行驶不平稳或员工违反作业规定误操作设备，导致乘客受伤；

无理拒绝乘客的合理要求；

未及时加票加币或更换票箱，导致 AFC 设备中断服务；

不及时疏导乘客，造成拥挤。

3. 由于下述情况引起的乘客投诉，列为三类有责乘客投诉

对乘客有推、拉、打、踢等粗暴行为；

讥笑、谩骂乘客，讲有侮辱乘客自尊心和人格的话；

作弄、欺瞒乘客的行为；

由于员工失误，错误引导乘客或造成经济损失 10 元及以上的；

提前关站或延误开站时间 10 分钟以上；

利用乘客资料采取不同形式骚扰、恐吓他人；

工作中有舞弊行为，使乘客利益受损；

其他因地铁服务设备设施故障，造成乘客利益严重受损或给乘客带来较大不便。

三、正确看待投诉

“智者千虑，必有一失”，无论哪位站务人员，在对乘客服务上花费了多少心力，也难免会出现一些问题，于是，乘客投诉的现象就难以避免。因此，站务人员应充分认识到，乘客对服务进行投诉是正常现象。从某种意义上讲，投诉也是沟通管理者和乘客的桥梁，是坏事，也是好事，它可能会使被投诉的部门或人员受到相应惩罚，甚至会使所有站务员感到难堪，但同时投诉又是一个信号，告诉我们服务和管理中存在着问题。形象地说，投诉的乘客就像是给服务部门治病的医生，是在为其提供诊断，如果接受，并对症下药，就能使自己的服务及设施得到改进与提高。

具体来讲，乘客的投诉具有以下几个方面的意义。

1. 可以使管理者认识到服务与管理中的不足

有些问题虽然存在，但并不是自己能发现得了的。一方面是因为有些问题是潜在的，不容易发现。另一方面则是因为“居芷兰之室，久而不闻其香；入鲍鱼之肆，久而不闻其臭”的道理，部门的管理者及员工长期在自己的岗位上工作，一切已习以为常，往往发现不了自身存在的问题。而乘客则大不相同，乘坐地铁已成为自己生活中的必需，因此，他们对设备及服务方面所存在的问题是非常敏感的，往往能一眼看穿，及时发现。再一方面，虽然对站务人员进行了严格的培训，提出了相应的要求，但并非所有员工都能做到，他们可能是在领导在场的情况下约束自己，做得比较好，一旦领导离开，他们就会放松对自己的要求，行为上出现一些不到之处，而这些行为，管理者也是发现不了的，只有乘客作为服务的直接消费者，才能够及时地发现和指出。

2．有利于改进站务人员的服务，提高服务水平

通过乘客的投诉，站务人员发现了自身所存在的问题，如果能及时针对这些问题进行认真的整改，必然会使服务质量不断得到提高。

3．提供了与乘客修补关系、缓和矛盾的契机

乘客投诉，表示他们对服务有了不满，如果没有投诉程序的存在，乘客可能就怀着种种不满离开了，从此不再乘坐地铁，既影响了企业的声誉，又影响乘客自身的利益；但正因为投诉过程能起作用，乘客能通过这一渠道发泄自己的怒气与不满，服务员更是可以在了解到乘客的不满之后对自己的过失加以弥补，于是二者之间就有了修复关系的可能。于是就留住了人心。

四、投诉处理的流程

1．投诉处理的四个阶段

投诉的处理一般要经过投诉受理、投诉调查、投诉化解及服务持续改进四个阶段。

（1）投诉受理

投诉受理是企业收到来自乘客的投诉对与投诉有关的内容及信息进行收集整理过程，是解决乘客投诉的基础环节。受理投诉作为投诉处理过程之一，主要是记录投诉者的详细信息、乘客对服务不满的描述及乘客的要求，即谁投诉、投诉什么、为什么投诉及有何投诉四大内容。投诉记录的形式可以多种多样，有表格形式、文字报告形式；也可以是照片、录音、录像、光盘等媒介形式。

受理乘客投诉时要学会聆听。首先，聆听可以让乘客宣泄不满，可以了解乘客的需求，为处理投诉奠定基础。其次，聆听可以听得到乘客的“弦外之音”，耐心引导乘客将他真正的不满讲出来，才能对症下药。当乘客发泄不满时，不要急于打断他，也不要急于辩解，应微笑而视，表现出对他的问题很重视、很关注。对于乘客的问题不要有先入为主的判断，不要以一个专业人士的眼光看待、判断乘客的问题，要站在“门外汉”的角度聆听、理解乘客的问题。

受理乘客投诉时要学会提问。提问的过程中，行之有效的是“漏斗式”的提问，通过提问可以将乘客的不满一步步锁定在更小的范围。但在这个过程中需要提问者思路清晰，逻辑性强，如毫无逻辑地发问，会始终问不到重点，耽误时间，可能更加导致乘客不满。提问分开放式的和封闭式的问题。在提问初期，适合用开放式的问题，之后为了控制时间和锁定问题关键，适宜用封闭的问句。

（2）投诉调查

投诉调查是处理投诉的关键环节，只有核查清楚投诉事件的真实情况，分清责任，才能公正地解决乘客投诉。企业对投诉进行调查时要做好准备工作，即确定调查参加的人员、调查的范围及调查的内容和方式。

（3）投诉化解

投诉化解是指投诉调查完成之后，企业根据调查的结果向投诉乘客进行回复，把企业的处理投诉意见告诉乘客，努力化解投诉，争取与投诉者达成共识。投诉化解包括两部分的内容，一是企业经过调查后对乘客的回复；二是如回复不被乘客接受，则应立即制定更为有效的处理方案，直到乘客满意。

化解乘客投诉时要学会管理乘客的期望。首先企业要明确乘客的期望值，告诉他哪些可以满足，哪些不可以满足，目的是与乘客达成共识。其次，要正确处理不合理的乘客期望，以行业标准来确定乘客的期望是不合理，如果整个行业都没有满足乘客某种需求的先例，那乘客的这个期望值就不合理。再就是从影响乘客期望的可控因素着手，适当降低乘客的期望值，将乘客期望控制在一个相对较低的水平，企业就更容易达到乘客满意。

化解乘客投诉要学会表达企业整改的诚意。首先企业要对给乘客造成的不便和损失真诚道歉，道歉的人可以是处理投诉的人员，或是被投诉者，也可以是企业的相关负责人，甚至是最高管理者亲自出面。其次向投诉者赠送礼物、纪念品也是对投诉乘客作出的一种积极回复，特别是那些给企业带来建设性意见的投诉者，企业应给予相应的鼓励和感谢，此举可有效调动乘客为企业出谋划策的积极性。最后可向乘客说明由于投诉带来服务或设备等方面的变化，这是一种使投诉乘客产生成就感的好方法。

（4）服务持续改进

服务持续改进是增强处理投诉过程能力的循环活动，以满足投诉乘客不断增长的投诉要求。持续改进的核心目的是改善服务产品的特性和提高处理投诉过程的有效性，其重点是企业积极采取相应的纠正措施以及创新性改进，消除导致投诉发生的现有和潜在的原因，防止问题发生或重复发生，保持处理投诉程序有效且高效地运行。

2. 车站接投诉处理的程序

车站发生投诉时，一般由当班的值班站长（站长）受理乘客的投诉，并将乘客所反映的问题如实记录；对于非人为失职、违规等引起的投诉，值班站长应当予以解释和答复；若属于人为失职、违规等其他因城市轨道交通企业方的过错造成的，则立即找当事人到现场调查处理并向乘客道歉；对于不能马上答复的，应留下乘客的具体资料，填写《车站日常乘客事务处理表》，2 天内由中心站站长答复乘客；如乘客对车站回复不接受，车站工作人员可指引乘客填写《乘客意见卡》，并转交所在部门处理，由部门服务管理人员在 2 个工作日内回复乘客；如乘客仍不接受则立即将《乘客意见卡》转交服务热线处理，乘客信息处理员按照相应的流程处理，回复乘客。

3. 服务热线接投诉处理的程序

服务热线接到乘客投诉应在乘客事务记录本上如实记录，对非人为失职、违规等引起的投诉由工作人员当场予以解释和答复；若属于人为失职、违规等因城市轨道交通方过错造成的，则根据乘客所提供的信息将事件转发相关部门进行调查，并要求在72小时内回复乘客；服务热线在接到事务的7天内必须将结果回复乘客。

五、乘客投诉的心理分析

乘客投诉原因可以分为客观原因和主观原因。客观原因一般是指非企业责任，更多的是主观原因引起的投诉，主要集中在服务质量、服务态度、服务方式、服务技巧等方面。譬如，服务人员不尊重乘客，对乘客不主动、不热情，用语言冲撞乘客，服务不周到，卫生工作马虎等。经过调查统计，在众多的投诉中，乘客投诉的心理状态有求得尊重和公平、需要补偿或者发泄情绪等。

求尊重的心理状态是指乘客在乘车过程中，感到自己未被尊重，因此会通过投诉来获得尊重；求公平的心理是指根据“公平理论”，乘客花了钱而没有获得相应的利益，如价格不合理、服务设施不完善、服务不到位等，就会寻找机会来满足自己的公平心理；求补偿的心理是指乘客在乘车过程中使自己在精神或物质上受到了一定损失，需要通过投诉的方式来获得一定的经济赔偿；求宣泄的心理是指乘客购买了客运产品后，会产生“购买后的抱怨”心理，这种抱怨发展到一定程度就会产生投诉活动，乘客利用投诉的机会把自己的烦恼、怒气、怒火发泄出来，以维持其心理上的平衡。

实操模块

[实训任务] 模拟乘客投诉时站务人员的作业。

[实训目的] 掌握乘客投诉时的处理原则及方法。

[实训要求] 实训过程中能运用一定的标准用语处理乘客投诉。

[实训环境] 客服实训教室。

[实训指导] 指导学生针对不同的投诉事务进行不同的处理。

[实训考评] 行为举止、语言规范。

课后思考

案例分析

2010年12月13日12：30时左右，乘客在杨箕站D出口客服中心要求购买一张50元储值票，售票员A没有向乘客作解释就说没有车票卖，让乘客到另一客服中心购买。当该乘客在另一客服中心用100元要求购买一张50元储值票时，售票员B却说没有零钱找，让乘客到银行兑换后再来购买车票，乘客很不理解并问为什么，这时客服中心内另一位员工接过乘客100元钱并找回50元纸币给她。乘客投诉前两位售票员，对他们的服务表示不满。

1. 分析造成乘客投诉的原因是什么？乘客投诉心理状态是怎样的？
2. 分析案例中的投诉是哪类投诉？

3. 如果您是值班站长，乘客找您投诉，您该如何处理？

任务三　乘客遗失品处理

学习目标

1. 掌握车站遗失品处理流程及标准；
2. 掌握列车遗失品处理流程及标准。

学习任务

能够正确处理车站遗失品。

教学环境

多媒体教室或者客服演练室。

理论模块

一、乘客遗失品的性质判别

站务人员要根据自身的经验，通过视觉观察有无危险标志（如有三品标志），通过听觉，发现有无异常响声（如计时器响声），通过嗅觉，发现有异常气味（如刺激性气味）的乘客遗失物品，可以初步鉴别乘客遗失品的性质和类别，如果确认为可疑物品时，配合值班站长用隔离带或屏风隔离现场，劝离附近的乘客。

根据乘客遗失品的性质可把遗失品分为一般遗失物品和特殊遗失物品，其中特殊遗失物品包括信（文）件、现金、危险品、违禁品和易腐物品等。

二、乘客遗失品处理的原则

车站对失物实行专人管理，车站客运值班员负责本站遗失物品的登记、保管、认领、移交；遗失物品的清点、检查、登记、认领应由双人（客运值班员以上人员）同时进行；失主认领遗失物品时，应描述失物特征，出示有效证件，车站当值客运值班员及值班站长现场核查无误并办理有关手续后，方可将失物交还失主；如遗失物品为违禁品、危险品、机要文件、大额现金时，应立即转交地铁公安处理；遗失物品未交还失主前，应妥善保管，任何单位和个人不得侵占和挪用；车站只办理当天失物的认领工作，隔日的失物认领统一到失物处理中心办理。一般遗失物品在失物处理中心保管超过规定期限的，按无人认领失物处理。

三、车站乘客遗失品的处理

各地铁公司对乘客遗失物品的处理程序有一定的差别，但大致程序相似，下面以某一地铁公司的失物处理程序为例。

1. 一般失物处理程序

车站客运值班员与失物拾获人当面检查、核对失物，并详细填写《车站失物处理登记表》，注明失物数量及特征，双方签名确认；根据《车站失物处理登记表》填写《失物标签》，并粘贴在失物上；有失主联系资料的，即时通知失主到车站认领失物。若无失主联系资料，车站应对失物做好妥善保管；当天若无失主认领失物，车站应在当日运营结束前派人（其中一人必须是值班员及以上人员）利用末班车将本站失物移交站失物处理中心。

2．特殊失物处理程序

（1）信（文）件的处理

① 有“特快专递”、“挂号”、“机密”、“绝密”等字样或未付邮资的信（文）件，填写《车站失物处理登记表》后立即交站内地铁公安签收处理。

② 已付邮资的一般信件由车站代为投寄。

③ 其他信（文）件按一般失物处理。

（2）现金及其他有价票据

① 2000 元以内现金由车站当值值班站长与车站当值客运值班员双人核实，填写《车站失物处理登记表》后装入信封密封，并加盖个人私章后妥善保管。当日无人认领时，随《车站失物处理登记表》移交失物处理中心。

失物处理中心接收到各站移交的现金时：500 元以下现金存放在失物处理中心保险箱内保管一周；500 元至 2000 元以内现金在保险箱内保管 3 日，超过保管期无人认领，须上交派驻运营分公司财务部；若超过保管期有人认领时，失主可凭失物处理中心填写的《车站失物处理登记表》第二联，于办理认领手续后的第二个工作日到派驻运营分公司财务部办理现金认领手续，失物处理中心应于当日电话通知派驻财务部。派驻财务部在办理失物认领现金手续后将失主领取凭证存档备查，并通知失物处理中心办理结果。

② 若现金总额在 2000 元以上或有价票据总额在 2000 元以上时，车站应要求地铁公安介入协助，于填写《车站失物处理登记表》后移交地铁公安签收处理。

（3）食品与易腐物品

① 食品与易腐物品不移交失物处理中心，由车站自行处理。

② 有包装的食品保管期限为 72 小时，如无人认领由车站自行处理。

③ 无包装的食品及易腐物品（如肉类、蔬菜等），保管到当天关站时由车站自行处理。

（4）危险品及违禁品

发现有枪支、弹药、汽油、硫酸等易燃、易爆、腐蚀、剧毒物品等可疑遗失品时，车站人员应立即填写《车站失物处理登记表》移交地铁公安签收处理，列车司机接到乘客报告或发现枪支、弹药、汽油、硫酸等易燃、易爆、腐蚀、剧毒可疑遗失品时，应立即报 OCC 或地铁公安进行处理。

四、失物存放及保管

失物处理中心必须对接收到的失物建立电脑台账，并对失物进行分类存放；贵重物品，如钱包、手机、首饰、有价票据、现金存款单等，必须存放于保险柜内；其他物品，如雨伞、文件、证件等，可存放于储物架或文件柜内。失物处理中心工作人员每季度必须对存放失物进行清理、造册，并按有关规定进行处理。

五、失物认领

车站一般情况下只办理当天失物的认领，车站失物若当天无人认领，应由当值客运值班员会同本站当值值班站长确认登记后交失物处理中心。

1. 一般失物认领程序

一般失物认领时，由认领人提供失物名称、遗失地点、遗失时间，车站或失物处理中心初步确认是否有认领人所提供的相符物品；如有，则请认领人提供两项以上最能表现失物特征的证明，如特征相符，则由车站客运值班员及值班站长共同确认并办理认领手续。认领人须凭本人身份证或其他有效身份证明办理领取手续，认领时要求认领人如实填写相关资料，并由双方在《车站失物处理登记表》上签名确认。

2. 现金的认领程序及要求

乘客认领现金时，由车站当值客运值班员会同车站当值值班站长，按规定共同确认认领人身份后，方可办理认领手续，且双方须在《车站失物处理登记表》上做好登记签收，由失主本人凭《车站失物处理登记表》第二联，于办理认领手续后的第二个工作日到派驻运营分公司财务部办理现金领取手续，失物处理中心应在办理认领手续的当日电话通知派驻运营分公司财务部及时准备现金。失物处理中心在办理现金认领时，必须对《车站失物处理登记表》第二联进行复印备查。

乘客认领现金时，《车站失物处理登记表》认领事项中的证明人必须是车站站长或车站当值值班站长签名方为有效，其中500元以上2000元以内的现金认领其证明人必须是车站站长。

六、无人认领失物的处理

失物在处理中心保管时间超过期限的，按无人认领失物办理。对于不同无人认领的失物有不同的处理方法，以下是某地铁公司对无人认领的失物处理的办法。

对无人认领的地铁车票，每月统计一次上交票务室，由票务室进行处理。失物处理中心所在车站必须派值班站长、站务员各一名与票务室共同交接，并通知车务部综合策划室相关负责人到场监督，同时填写《车站无人认领失物处理登记表》。

对无人认领的金额在500元以下的（包括500元），每周统计一次，金额在500元以上2000元以内的，每3日统计一次，并上交派驻财务部进行处理，失物处理中心与派驻财务部现金交接必须双人共同完成（其中必须有一名值班站长），并通知车务部综合策划室相关负责人到场监督，同时填写《车站无人认领失物处理登记表》。

对无人认领的银行卡、社保卡等各种卡类失物，交还各发卡单位进行处理。若发卡单位不受理，由失物处理中心所在车站站长或值班站长及一名车站工作人员，将磁卡剪去一角，交由车站保洁处理，并通知车务部综合策划室相关负责人到场监督，同时填写《车站无人认领失物处理登记表》。

对于无人认领的普通证件、普通文件每半年清理一次，由处理中心所在车站站长或值班站长及一名车站工作人员清理后交由车站保洁处理，并通知车务部综合策划室、站务室的客运管理员到场监督，同时填写《车站无人认领失物处理登记表》。

其他无人认领失物每季度清理一次，由失物处理中心按物品种类的不同进行划分，统计各类物品的数量并造册报车务部综合策划室，综合策划室报综合部党群办公室，由相关负责人联系民政局或可接受捐赠部门进行处理。失物处理中心在交接无人认领失物时，必须要有车务部策划室相关负责人在场监督，同时填写《车站无人认领失物处理登记表》。

对未保管至三个月就已霉已腐及潮湿的物品，失物处理中心需每月进行一次清理，由处理中心所在站站长或值班站长及一名车站工作人员清理后交由车站保洁处理，并通知车务部综合策划室、站务室客运管理员在场监督，同时填写《车站无人认领失物处理登记表》。

七、司机对乘客遗失品的处理

司机在列车上拾获遗失物品时，应集中在某一站办理移交手续。司机通知站台当值人员，由两名站务人员与司机在站台屏蔽门端门处进行交接，要求交接时要在监控范围内。司机因折返时间有限，可与站务人员对失物进行简单交接，收条上只注明“××物品一件（批）”或“现金××元”，双方签名确认。失物的详细清点和核对在交接后由车站人员在车控室按规定进行（列车司机在其他车站拾获失物，可于返回此时交接）。

若列车回车厂后发现列车上有乘客失物，由当值司机与乘务室相关人员进行交接或自行将失物送至失物处理中心交接。

站务员接到司机所交的乘客遗失品后比照车站乘客遗失品办理，按照车站遗失品的存放、处理及认领程序进行办理。

拓展模块

乘客物品掉入轨道的处理

当发生乘客物品掉落轨道时，有关岗位的作业如下：

1．站台岗

（1）接到乘客通知后站台保安马上将情况报告车控室，并安抚乘客。

（2）立即到现场查明情况，向车控室汇报情况。如影响行车，则按压紧急停车按钮。

（3）到监控亭拿挟物钳、隔离带到现场，隔离该处屏蔽门。

（4）得到值班站长指示后，用钥匙打开该处屏蔽门，将物品夹起。

（5）得到值班站长指示后，恢复屏蔽门的使用，撤回隔离带。

2．行车值班员

（1）接到站台通知立即向值班站长汇报情况，知道厅巡到现场协助处理，并向行调汇报有关情况。

（2）经站台岗确认后，向行调汇报无物品是否影响行车。

（3）接到值班站长的通知，向行调汇报有关情况，并要点（时间段）处理。

（4）经行调批准后，按动紧急停车按钮，做好防护并通知值班站长可以实施处理。

（5）线路出清后，报告行调销点，在 MCP 盘上按压取消紧急停车按钮，恢复正常运营。

3．值班站长

（1）接行车值班员报告后，立即到现场查看有关情况。

（2）确认物品是否可以用夹物钳夹起，并预计所需时间。

（3）将情况通报车控室，要求行车值班员向行调请点处理；通知站台岗去监控室拿夹物钳、隔离带到现场隔离该处屏蔽门，准备拾物；通知厅巡去监控亭拿信号灯到站台尾端墙做好防护准备。

（4）行调同意后，通知厅巡做好防护。

（5）如行调不同意运营时间处理，则登记乘客详细资料，待物品取出后通知乘客领取。

（6）做好防护后通知站台岗将物品夹起，并疏散围观乘客。

（7）物品夹起后通知站台岗撤回隔离，恢复屏蔽门的使用，通知厅巡收回防护信号。

（8）确认线路出清向车控室报告。

（9）做好相关记录，将物品归还乘客。

4．厅巡

（1）接到行车值班员通知后，立即到现场协助处理。

（2）接值班站长通知后，去监控亭拿信号灯，到站台尾端墙做好防护准备。

（3）得到值班站长指示后到尾端墙手持信号灯做好防护。

（4）得到值班站长指示后收回防护信号。

5．行调

（1）接到通知后，如物品影响行车，则扣停后续车，安排车站取出物品。

（2）如物品不影响行车，根据行车间隔和车站清点要求，做出适当安排。

实操模块

[实训任务] 模拟站务人员在站台拾到乘客遗失品的处理。

[实训目的] 掌握乘客遗失品的处理原则及方法。

[实训要求] 实训过程中能运用一定的标准用语处理乘客遗失物品。

[实训环境] 客服实训教室。

[实训指导] 指导学生针对不同的遗失品进行不同的处理。

[实训考评] 行为举止、语言规范。

课后思考

2011 年 10 月 1 日，站务员小张在某地铁 1 号升仙湖站（端点站）站台岗坚守岗位，一列车到达后，他和司机在折返前清客时拾到一个包裹，这时应该如何处理？

1. 要求口头叙述列车遗失品处理的流程。

2. 两名同学扮演案例中的角色，实际模拟处理流程。

项目六　城市轨道交通车站客伤处理

项目描述

本项目要求学生通过分析乘客产生伤害的原因、乘客易发性伤害的关键点及客伤发生时的处理流程，掌握有效救护安抚乘客、收集有效证据的方法，以及调查客伤事故。

任务一　认识客伤

学习目标

1. 掌握客伤的概念、原因；
2. 了解客伤发生的原因；
3. 掌握客伤处理的流程及原则。

教学环境

多媒体教室。

理论模块

一、客伤及其产生的原因

1. 轻微客伤及客伤

轻微客伤是指在城市轨道交通系统范围内发生的地铁外部人员及非在岗作业的地铁员工发生的不需送往医院抢救、检查和治疗，可在现场进行简单包扎处理的乘客伤害。

客伤是指在城市轨道交通系统范围内发生的地铁外部人员及非在岗作业的地铁员工的人身伤害及伤亡事件的总称。

2. 客伤产生的原因

城市轨道交通系统一般处在地下或高架桥的半封闭空间里，具有隐蔽性、封锁性、人员和设备高度密集等特点，一旦发生突发事件，如行车事故、设备事故、自然灾害、人员纠纷或乘客自身疾病等则会发生人员伤害和财产损失。因此客伤的产生的原因大体可分为四个方面：人为因素、设备因素、社会和自然灾害。

城市轨道交通系统涉及的人员有乘客和工作人员，因此人为因素主要指乘客自身和工作人员工作措施不当两方面的原因。乘客自身原因是指乘客未遵守安全乘车规则或自身疾病导致事故而造成的人身伤害，如地铁车站发生的乘客不慎掉入轨道事件或使用自动扶梯不当造成的摔伤、乘客冲闸或抢上抢下造成的夹伤、乘客自身疾病突发造成乘客的摔伤等。工作人员工作措施不当或疏忽引发事故而造成的乘客伤害，如驾驶员未按行车组织作业标准行车造成行车事故而导致乘客伤害、站务人员未及时处理站厅地面的杂物或积水造成乘客的摔伤等。

城市轨道交通系统是一个大的联运体，由几十个专业系统组成，设备包罗万象，任何一个系统设备尤其是与行车有关的设备发生故障，都可能导致地铁无法正常运转，甚至造成巨大生命财产损失。例如，供电系统发生故障则会使列车运行造成停电、列车停止运行等事故，这类事故发生时如工作人员不能及时有效地疏散乘客则会造成乘客伤害；行车通信信号发生故障则会造成行车事故，则有可能会产生列车追尾从而造成乘客伤亡。

城市轨道交通车站是乘客集散的地点，列车也是人流密集的场所。因此，那些心态已经完全扭曲的破坏分子会选择车站和列车作为报复社会的场所，如 2009 年 6 月 5 日发生的成都市 9 路公交车的火灾和 2010 年 7 月 21 日发生的长沙机场巴士火灾，均是犯罪嫌疑人因个人生活或工作方面受挫归因于社会不公，产生的报复社会行为。同样地铁也会被恐怖分子选择成政治破坏的场所，如 1995 年 3 月 20 日上午 7 时 50 分发生的东京地铁沙林毒气事件，造成乘客 2 人死亡，231 人重伤。

自然灾害是指由于强降雨、强台风、地震等自然因素产生事故从而造成的乘客人身伤害。

二、客伤的处理原则及流程

1. 客伤的处理原则

车站在处理客伤事件时要以维护公司形象、保护公司最大利益为原则，以人为本，给予乘客必要的帮助；同时要第一时间进行取证，尽可能得到旁证及当事人签字确认，以事实为依据，客观记录，充分留下原始资料。

2. 客伤的处理流程

车站现场工作人员，发现或接到乘客求救时，须立即汇报当班值班站长（或站长），并疏散围观群众，安抚和救助受伤乘客，保护事故现场，寻找目击证人，劝留证人或留下证人联系方式。当班值班站长（或站长）担任临时应急处理负责人，应立即安排其他员工携带急救医药箱赶赴现场。

值班站长（或站长）在对伤者进行必要的现场急救时，应尽量对现场进行取证，询问当事人、证人，了解事情经过，填写有关调查表，并由当事人、证人签字确认。

若伤势较轻可以行走，可陪伤者到车站会议室休息安抚或包扎上药。若伤者需要，可协助拨打 120 急救电话。

若初步判断乘客受伤属于地铁责任时，车站应立即向有关部门、单位汇报。伤者提出要求去医院检查时，车站可安排车站员工，陪同伤者前往医院，伤者在医院所花费用，经请示同意后，由车站在有关处理经费中垫付。

课后思考

1. 什么是客伤？客伤产生的原因有哪些？
2. 客伤处理的原则有哪些？

任务二　救护和安抚乘客

学习目标

（1）熟练掌握心肺复苏术；

（2）熟练掌握创伤止血、现场包扎、现场骨折固定及伤员搬运的方法；

（3）掌握受伤乘客的心理安抚技巧。

学习任务

能正确、熟练地完成心肺复苏术的操作；能灵活、熟练地进行创伤止血、现场包扎、现场骨折固定及伤员搬运；能针对不同情况对受伤乘客进行心理安抚。

教学环境

多媒体教室及急救实训室。

案例模块

2011 年 7 月 5 日，北京地铁 4 号线动物园站 A 口扶梯发生扶梯故障，上行扶梯突然失控变为下行，导致扶梯上的数十名地铁乘客从高处摔下。事故造成一名 13 岁男童死亡，3 人重伤，另有 27 人轻伤。

2014 年 2 月 17 日上午，深圳某公司一名年仅 35 岁的女项目经理突然倒在了深圳地铁蛇口线水湾站出口的台阶上，事发近 50 分钟后，被赶去现场的 120 急救人员认定为已经死亡。当时从市民发现该名乘客昏倒，到前往请求救援，地铁工作人员赶到现场，不过 5 分钟时间，并且在现场守护，但因缺乏急救常识和经验，未对患者采取任何急救措施。

思考：在地铁运营时，意外和疾病时有发生，如果遇到这样的情况，我们应该怎么做？我们应该具备一些什么能力才能最大限度地确保乘客的生命安全？

理论模块

现代社会各种疾病尤其是心脑血管疾病发病率扶摇直上，意外伤害明显增多，各种灾害频发，为了挽救更多的生命，应急救护知识的普及显得尤为重要；而地铁的服务对象有人员密集、流动性大、年龄跨度大、所处空间相对狭小密闭等特点，发生各种意外和突发事件的概率大大增加。无论是针对个体疾病、意外还是群体事件，都要求现场工作人员能熟练掌握急救技能及心理安抚的技巧，并能在急救现场灵活运用；能冷静、镇定、果断、灵活、机智地应对各种突发情况。所以很有必要进行简单医疗救护及心理安抚知识的学习，并以训练实际现场急救技能为重点，以增加应对各种突发情况的能力，最大限度地确保乘客及自身的生命安全。

一、现代救护的概念

现代救护是指在事发现场，对伤病员实施及时、先进、有效的初步救护。

现代救护是立足于现场的抢救。在地铁，工作人员常作为 “第一目击者”，应该对伤病员实施有效的初步紧急救护措施，以挽救乘客生命，减轻伤残和痛苦。然后在医疗救护下或运用现代救护服务系统，将伤病员迅速送到就近的医疗机构，继续进行救治。

二、现场评估

在现场首先应注意可能对救护员本人、伤病员或旁观者造成的伤害及进入现场的安全性；其次是对各种疾病和损伤的原因进行判断；最后确定受伤者人数。评估时必须迅速，控制情绪，尽快了解情况，检查现场的安全、引起疾病和损伤的原因、受伤人数以及自身、伤病员及旁观者是否身处险境，伤病员是否仍有生命危险存在，然后判断现场可以使用的资源及需要何种支援、可能采取的救护行动。

三、判断危重病情

在现场应对伤病员进行最初的评估。救护人员需要首先确认并立即处理威胁生命的情况，检查伤病员的意识、气道、呼吸、循环体征、瞳孔反应等。

意识　先判断伤病员神志是否清醒。在大声呼唤、轻拍肩膀时伤病员睁眼或有肢体运动等反应，表明伤病员有意识。如伤病员对上述刺激无反应，则表明意识丧失，已陷入危重状态。伤病员突然倒地，呼之不应，情况多为严重。

气道　保持气道畅通对于呼吸是必要条件。如伤病员有反应但不能说话、不能咳嗽，可能存在气道梗阻，必须立即检查和清除。

呼吸　正常人每分钟呼吸 12 至 18 次，危重伤病员呼吸变快、变浅乃至不规则，呈叹息样。在畅通气道后，对无反应的伤病员进行呼吸检查，如伤病员呼吸停止，保持气道通畅，立即施行人工呼吸。

循环体征　正常人心跳每分钟 60 至 100 次，儿童每分钟 110 至 120 次。呼吸停止，心跳随之停止；或者心跳停止，呼吸也随之停止；心跳呼吸几乎同时停止也很常见。心跳反应在腕部的桡动脉和颈部的颈动脉。

严重的心脏急症如急性心脏梗死、心律失常以及严重的创伤、大失血等危及生命时，心跳或加快，超过每分钟 120 次；或减慢，每分钟 40 至 50 次；或不规则，忽快忽慢、忽强忽弱，均为心脏呼救的信号。然后，迅速地对伤病员皮肤的温度、颜色进行检查，可以知道循环和氧代谢情况，如伤病员的面色苍白或青紫，口唇、指甲发绀，皮肤发冷等。

瞳孔反应　当伤病员脑部受伤、脑出血、严重药物中毒时，瞳孔可能缩小为针尖大小，也可能扩大到黑眼球边缘，对光线不发生反应或反应迟钝。有时因为出现脑水肿或脑疝，使双眼瞳孔一大一小。瞳孔的变化解释了脑病变的严重程度。

再对病人的头部、颈部、胸部、腹部、盆腔和脊柱、四肢进行检查，有无开放性损伤、骨折畸形、触痛、肿胀等体征，有助于整体判断。注意病人的总体情况，如表情淡漠不语、冷汗口渴、呼吸急促、肢体不能活动等变化；检查有无活动性出血，如有，应立即止血。

四、紧急呼救

发达国家都有全国统一的急救电话号码。美国是 911，日本是 119，英国是 999……我国统一的急救号码是 120。当发现了危重伤病人，经过现场评估和病情判断后需要立即救护，应及时向专业急救机构或附近担负院外急救任务的医疗部门、社区卫生部门报告。立即派出专业救护人员、救护车至现场抢救。

电话报告内容：

1. 报告人姓名与电话号码，伤病员姓名、性别、年龄、联系电话；
2. 伤病员所在的确切地点，地铁站的站名及确切的哪个出口；
3. 伤病员目前最危重的情况；
4. 现场所采取的救护措施；
5. 在征得急救中心同意后再挂断电话。

五、心肺复苏术

1. 定义

心肺复苏是指对心跳和呼吸骤停的患者在开放气道的前提下进行人工呼吸和胸外心脏按压，建立有效循环，尽快使其恢复自主呼吸和心跳。

2. 对心肺复苏的认识

心肺复苏是自 20 世纪 60 年代至今长达半个世纪以来，全球最为推崇的也是普及最为广泛的急救技术。是针对呼吸心跳骤停采取的“救命技术”。对于那些处于濒死阶段或处在临床死亡期而并未进入生物学死亡期的伤病员是十分有效的，也是必需的。心肺复苏是现代救护的核心内容，是最重要的急救知识技能。

3. 适用症

适用于各种原因引起的心跳骤停：① 意外事件。② 器质性心脏病。③ 神经系统疾病。④ 手术和麻醉意外。⑤ 药物过敏或过敏性休克。⑥ 严重水-电解质和酸碱平衡紊乱。

4. 实施心肺复苏的紧迫性

人体内是没有氧气储备的。心跳呼吸的突然停止，使得全身重要脏器发生缺血缺氧，尤其是大脑。大脑一旦缺血缺氧 4～6 分钟，脑组织即发生损伤，超过 8 分钟即发生不可恢复的损害。因此，在 4～6 分钟内、最好是在 4 分钟内立即进行心肺复苏。故而 CPR 必须争分夺秒尽早实施。

具体操作步骤将在技术模块中讲述。

六、创伤救护

创伤是各种致伤因素造成的人体组织损伤和功能障碍。轻者造成体表损伤，引起疼痛或出血；重者导致功能障碍、残疾，甚至死亡。

创伤救护包括止血、包扎、固定、搬运四项技术，将在技术模块中具体讲述。

七、受伤乘客的常见心理反应

意外发生后，无论是受伤乘客本人，还是家属乃至其他目睹的人，都会出现焦虑、紧张、恐惧、不安、无奈、愤怒、无助感等急性心理反应或处于不稳定状态，这是人们对意外表现出的自然心理反应，还会伴有一些生理反应，如心跳加速、肌肉紧绷、神经紧张或感觉麻痹、身体完全不听话等。有时恐惧的感受会比较持久，即使环境已经不再有危险，仍然会继续感觉到不安全，觉得自己没任何的保护，或是遭受到别人的威胁。有的伤员还会表现出易激惹，不断埋怨和责怪别人，甚至可能情绪失控，出现歇斯底里发作。

八、心理安抚的重要性

有效的心理安抚就是帮助人们获得生理、心理上的安全感，缓解乃至稳定由意外引发的恐惧、震惊、愤怒或悲伤、无助的情绪，减轻不良心理应激反应，尽可能恢复伤员的心理平衡状态。乘客受伤后，如果工作人员能够及时、恰当地予以心理安抚，可起到缓解痛苦、调节情绪、减轻恐惧、平息愤怒等作用。有效的心理安抚既能给予受伤乘客强有力的心理支持，利于伤员的病情恢复，也有利于事件的妥善解决。

技术模块

一、心肺复苏术（CPR）操作步骤

1. 早期识别心脏骤停与呼救

（1）判断意识：轻拍患者双肩，高声呼喊“喂，你怎么了？”如认识，可直呼其姓名，如无反应，说明意识丧失，如图 6-1 所示。

（2）判断脉搏：用食指及中指指尖先触及气管正中部位，然后向旁滑移 2～3 厘米，在胸锁乳突肌内侧触摸颈动脉是否有搏动，如图 6-2 所示。注：检查时间不要超过 10 秒，如 10 秒内不能明确感觉到脉搏，则应开始胸外按压。（此步骤非医务人员可省略）

图 6-1　判断意识

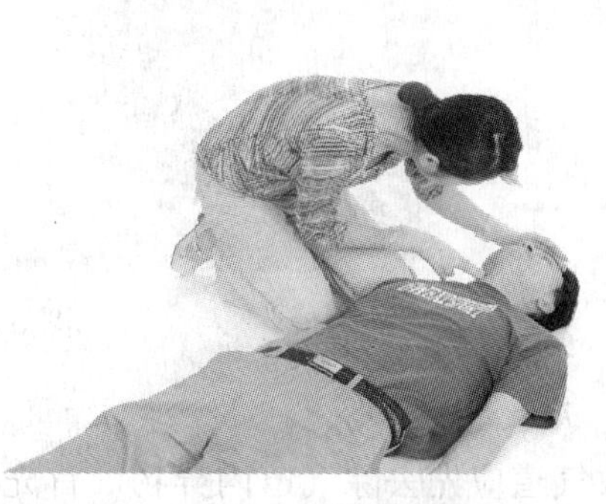

图 6-2　判断脉搏

（3）判断呼吸：看胸廓有无起伏，如无起伏，判断无呼吸。

（4）立即呼救：一旦发现患者无意识、无脉搏、无呼吸，则可判定发生心脏骤停，立即高声呼唤其他人前来帮助救人，如图 6-3 所示，并尽快拨打急救电话 120 或附近医院电话。

2. 早期心肺复苏步骤

（1）胸外按压：只要判断心脏骤停，应立即进行胸外按压，以维持重要脏器的功能。

体位：患者仰卧位于硬质平面上。患者头、颈、躯干平直无扭曲，如图 6-4 所示。

图 6-3　现场呼救

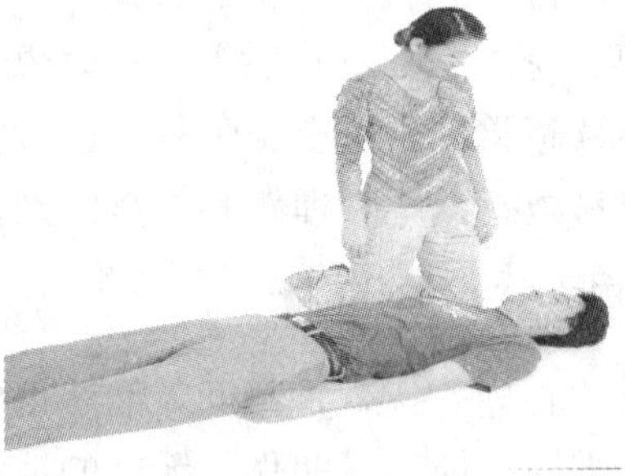

图 6-4　救护体位

按压部位：胸骨中下 1/3 交界处或双乳头与前正中线交界处，如图 6-5 所示。

按压方法：按压时上半身前倾，双肩正对患者胸骨上方，一只手的掌跟放在患者胸骨中下部，然后两手重叠，手指离开胸壁，双臂绷直，以髋关节为轴，借助上半身的重力垂直向下按压。每次抬起时掌根不要离开胸壁，并应随时注意有无肋骨或胸骨骨折。

按压频率：至少 100 次/分。

按压幅度：胸骨至少下陷 5 厘米或者胸廓前后径的 1/3，压下与松开的时间基本相等，压下后应让胸廓充分回弹。

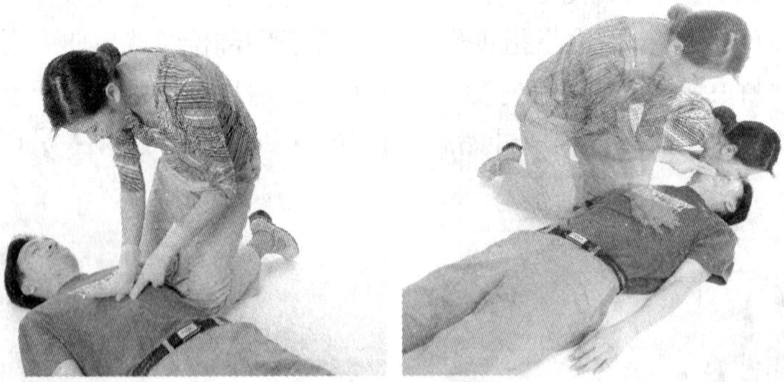

图 6-5　胸外按压

（2）开放气道

开放气道应先去除气道内异物。首先解开患者衣领、围巾，戴上手套迅速清除其口中异物和分泌物，以利于呼吸通畅。开放气道的常用方法是**仰头抬颏法**，如图 6-6 所示：用一只手小鱼际按压伤病者的前额，使头部后仰，同时另一只手的食指及中指置于下颏骨骨性部分向上抬颏，使其下颌尖、耳垂连线与地面垂直。

（3）人工呼吸

口对口人工呼吸方法：用按于前额的手的食指和拇指捏紧患者鼻孔，如图 6-7 所示。正常吸气后紧贴患者的嘴，要把患者的口部完全包住。缓慢向患者口内吹气（1 秒以上），使得患者胸廓抬起。每一次吹气完毕后，应与患者口部脱离。吹气频率 10～12 次/分钟。

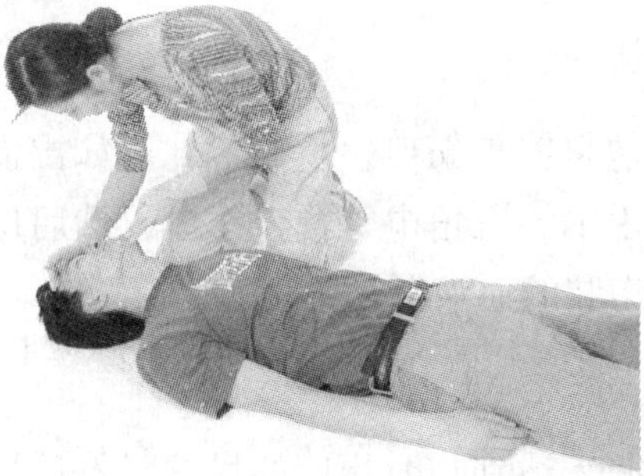

图 6-6　仰头抬颏法

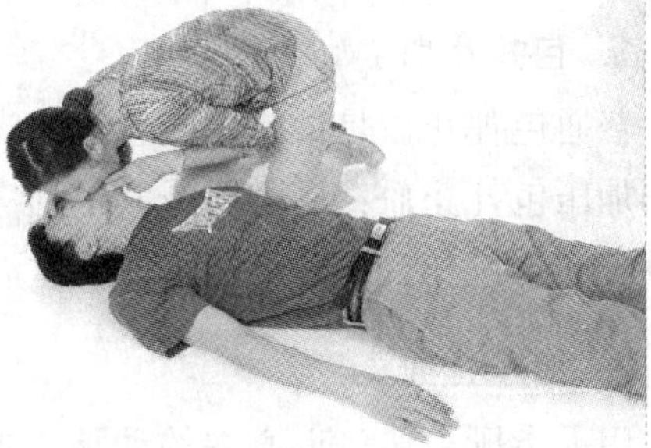

图 6-7　人工呼吸

（4）按压与吹气的比例：30∶2。

3．评估

单人操作时，5 个按压/通气周期（约 2 分钟）后，再次检查和评价，如仍无循环体征，继续进行 CPR。

4．早期除颤

发现患者心脏骤停时，应立即进行心肺复苏，如果是可除颤心律，应尽早电除颤。自动体外除颤器（AED），如图 6-8 所示，是一种便携式、易于操作，可自动检测心率、自动除颤，稍加培训既能熟练使用，专为现场急救设计的急救设备。它别于传统除颤器可以经内置电脑分析和确定发病者是否需要予以电除颤。除颤过程中，AED 的语音提示和屏幕显示使操作更为简便易行。若现场有 AED 设备，应及时使用，而在等待除颤器就绪时应进行心肺复苏，如图 6-9 所示为台湾 101 大厦中的 AED 装置。

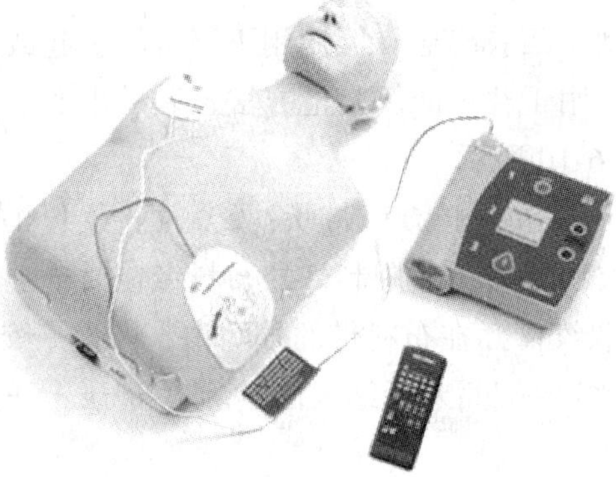

图 6-8　AED

图 6-9　台湾 101 大厦中的 AED 装置

二、创伤止血

在各种突发创伤中，常有外伤大出血的紧张场面。出血是创伤的突出表现，止血是创伤现场救护的基本任务。有效止血能减少出血，保存有效血容量，防止休克的发生。因此，现场及时有效地止血，是挽救生命、降低死亡率的，为病人赢得进一步治疗时间的重要技术。

1．包扎止血

普通包扎止血是最常用的止血方法，用干净敷料覆盖伤口，然后包扎。如出血量较大可用加压包扎止血：用敷料或其他洁净的毛巾、手绢、三角巾等覆盖伤口，然后用三角巾或绷带加压包扎，压力以能止住出血而又不影响伤肢的血液循环为度。

2．指压止血

用手指压迫伤口近心端的动脉，阻断血流来源，达到临时止血的目的，然后再选择其他的止血方法。适用于急救现场处理较急剧的头颈部和四肢的动脉出血。在指压止血的同时，可抬高伤肢，以使血流流动变缓，以助于凝血。颞浅动脉：耳前下颌关节处。可止同侧前额、颞部（太阳穴的部位）及前头部出血。 面动脉：下颌骨下缘与咬肌的交点（下颌角前方 2～3 厘米处）。可止同侧脸下部出血。肱动脉：在臂上部肱居骨内侧，与臂中部位位于肱骨前内侧。可用于上臂、前臂及手部的出血。指动脉：手指出血时，可用拇指和食指压迫手指两侧的血管。尺动脉、桡动脉：可止手掌部的出血。在腕部掌面两侧。同时按压方可止血。股动脉：腹股沟（大腿弯曲时与躯干的交界处）韧带中点稍下方触到股动脉搏动后，用两手拇指重叠，将股动脉用力压在股骨上。可止下肢出血。

3．填塞止血

对于伤口较深较大，出血多，组织损伤严重的伤病人，用消毒纱布、敷料（或干净的布料替代）堵塞在伤口内，再用加压包扎法包扎。

4．止血带止血

当遇到四肢大动脉出血，或伤口大、出血量多时，采用以上止血方法仍不能止血时，方可选用止血带止血的方法。它能有效地制止四肢出血，但使用不当可能引起或加重肢端坏死、急性肾功能不全等并发症，因此主要用于暂不能用其他方法控制的出血。常用的止血带有橡皮管（带）、布条止血带等，如图 6-10 所示。

布条止血带止血法：① 将三角巾或衣服等布料折叠成带状；② 在上臂上 1/3 端或大腿中上部垫好衬垫（绷带、毛巾、平整的衣物等）；③ 用制好的布料带在衬垫上加压绕肢体一周，两端向前拉紧，打一个活结；④ 取绞棒插在布料带的外圈内，将绞棒绞紧，以止血带远端肢体动脉刚刚摸不到为度。把绞棒的一端插入活结内固定。⑤ 记录上止血带的时间，每隔 40～50 分钟要放松 3～5 分钟。

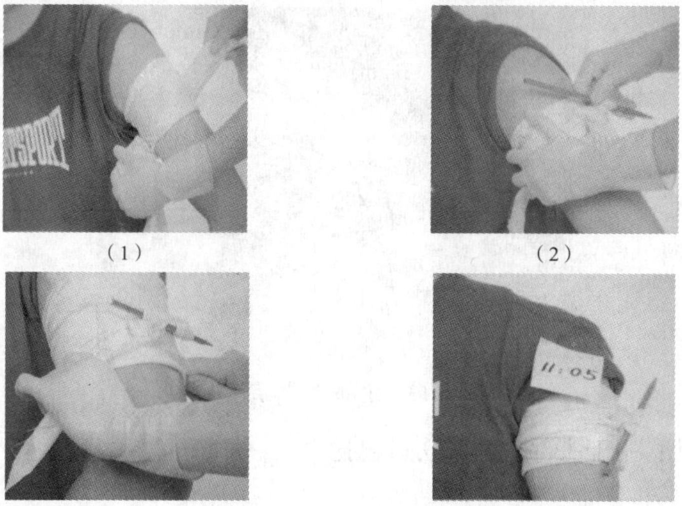

（1）　（2）　（3）　（4）

图 6-10　布条止血带止血步骤

三、现场包扎技术

快速、准确地将伤口用创可贴、尼龙网套、纱布、绷带、三角巾或其他现场可以利用的布料等包扎，是外伤救护的重要一环。它可以起到快速止血、保护伤口、防止进一步污染、减轻疼痛的作用，有利于转运和进一步治疗。

（一）绷带包扎法

（1）环行包扎：此法是绷带包扎中最常用的，适用肢体粗细较均匀处伤口的包扎，如图 6-11 所示。

（2）螺旋包扎：适用于四肢部位的包扎，对于前臂及小腿，由于肢体上下粗细不等，采用螺旋反折包扎，效果会更好，如图 6-12 所示。

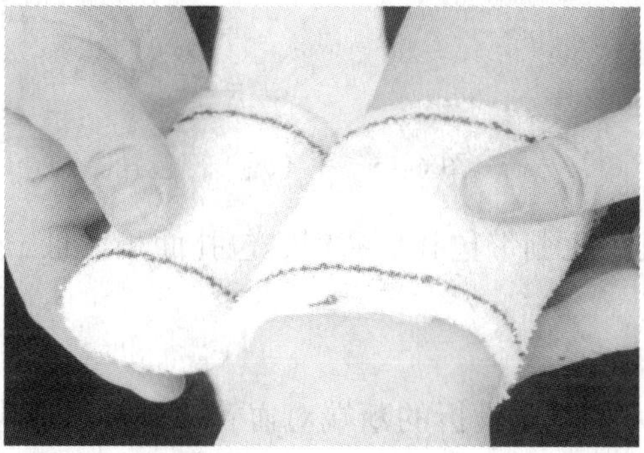

图 6-11　环形包扎

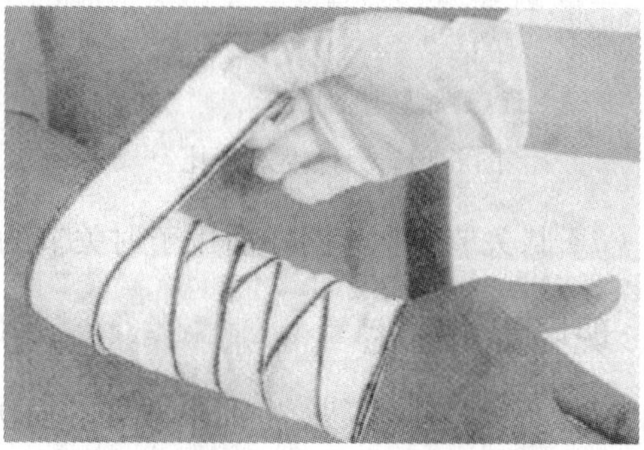

图 6-12　螺旋反折包扎

（3）手部“8”字包扎：它也同样适用于肩、肘、膝关节、踝关节的包扎，如图 6-13 所示。

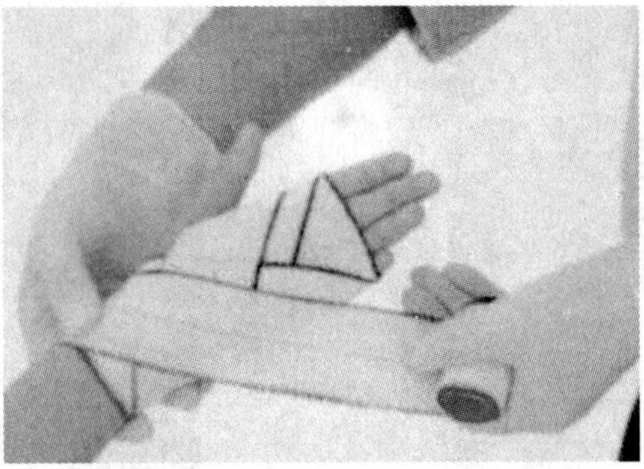

图 6-13 手部“8”字包扎

（4）回反包扎：用于头部或断肢伤口包扎。

（二）三角巾包扎法

（1）头顶帽式包扎：适用于头部外伤的伤员，如图 6-14 所示。

（2）肩部包扎：适用于肩部有外伤的伤员。

（3）胸背部包扎：适用于前胸或后背有外伤的伤员。

（4）腹部包扎：适用于腹部或臀部有外伤的伤员。

（5）手（足）部包扎：适用于手或足有外伤的伤员，包扎时一定要将指（趾）分开，如图 6-15 所示。

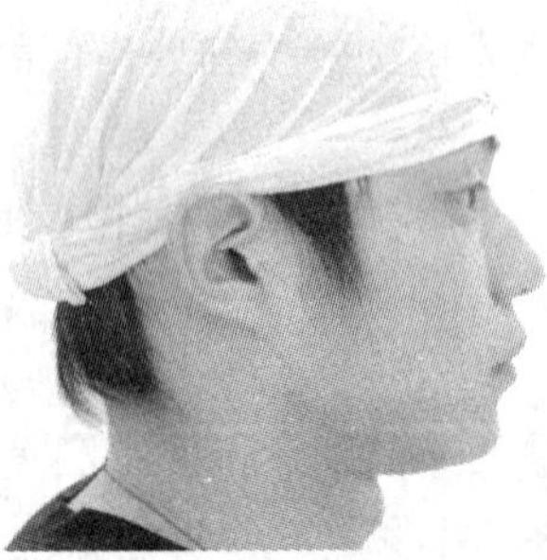

图 6-14 头顶帽式包扎

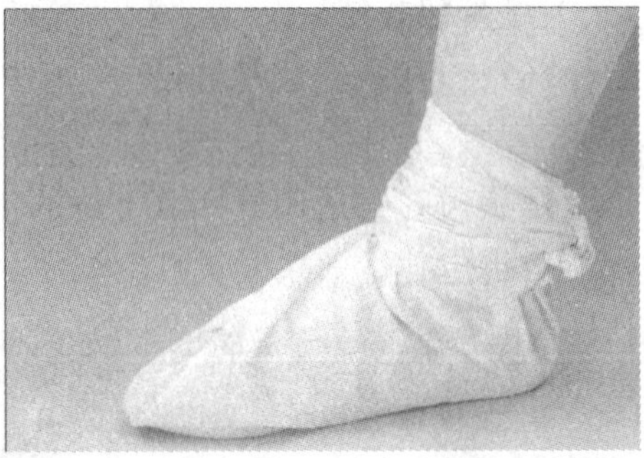

图 6-15 手（足）部包扎

（7）膝关节包扎：同样适用于肘关节的包扎，比绷带包扎更省时，包扎面积大且牢固。

四、现场骨折固定

骨折是人们在生产、生活中常见的损伤，为了避免骨折的断端对血管、神经、肌肉及皮肤等组织的损伤，减轻伤员的痛苦，以及便于搬动与转运伤员，凡发生骨折或怀疑有骨折的伤员，均必须在现场立即采取骨折临时固定措施。

1. 骨折的判断

（1）剧烈的疼痛并有明显压痛、肿胀。

（2）畸形：骨折部位形态改变，如成角、旋转、肢体缩短等。

（3）骨摩擦音及骨摩擦感：骨折断端相互碰触时出现的声音和感觉。严禁有意去做此项检查。

（4）功能障碍：骨的支撑、运动、保护等功能受到影响或完全丧失。

2．常见骨折的固定方法

（1）上臂骨折固定

将夹板放在骨折上臂的外侧，用绷带固定；再固定肩肘关节，用一条三角巾折叠条状悬吊前臂于胸前，另一条三角巾围绕患肢于健侧腋下打结，如图 6-16 所示。

（2）前臂骨折固定

将夹板置于前臂两侧，然后固定腕、肘关节，用三角巾将前臂屈曲悬吊于胸前，如图 6-17 所示。

图 6-16　上臂骨折固定

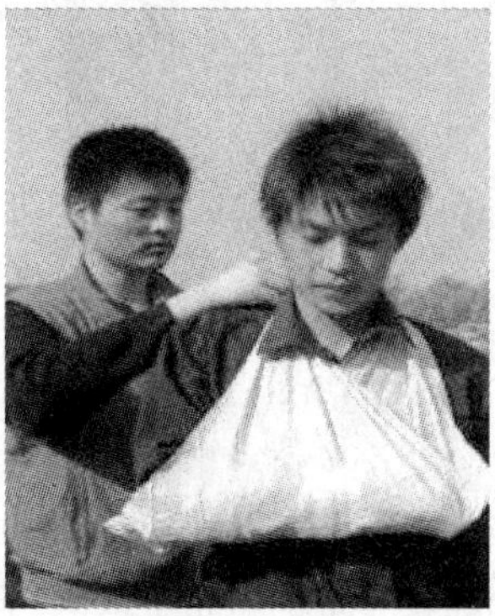

图 6-17　前臂骨折固定

（3）小腿骨折固定

用长度由脚跟至大腿中部的两块夹板，分别置于小腿内外侧，再用三角巾或绷带固定。亦可用三角巾将患肢固定于健肢。

（4）脊柱骨折固定

将伤员仰卧于木板上，用绷带将脖、胸、腹、髂及脚踝部等固定于木板上。

3．骨折临时固定的注意事项

（1）如为开放性骨折，必须先止血、再包扎、最后再进行骨折固定，此顺序绝不可颠倒。（2）下肢或脊柱骨折，应就地固定，尽量不要移动伤员。

（3）四肢骨折固定时，应先固定骨折的近端，后固定骨折的远端。夹板必须扶托整个伤肢，骨折上下两端的关节均必须固定住。绷带、三角巾不要绑扎在骨折处。

（4）夹板等固定材料不能与皮肤直接接触，要用棉垫、衣物等柔软物垫好，尤其骨突部位及夹板两端更要垫好。

（5）固定四肢骨折时应露出指（趾）端，以随时观察血液循环情况，如有苍白、紫绀、发冷、麻木等表现，应立服松开重新固定，以免造成肢体缺血、坏死。

五、伤员的搬运

搬运的目的是使伤员迅速脱离危险现场，防止再次受伤，立即送往急救站或指定医院，以便及时进一步治疗。但搬运可能使伤员进一步受到伤害和加重损伤，因此搬运时应注意是否对骨折固定，采取哪种方法，什么运送工具。常用的各种搬运方法如下：

1．单人搬运

单人搬运一般采用拖、扶、背、抱、爬行等，如图 6-18 和图 6-19 所示。

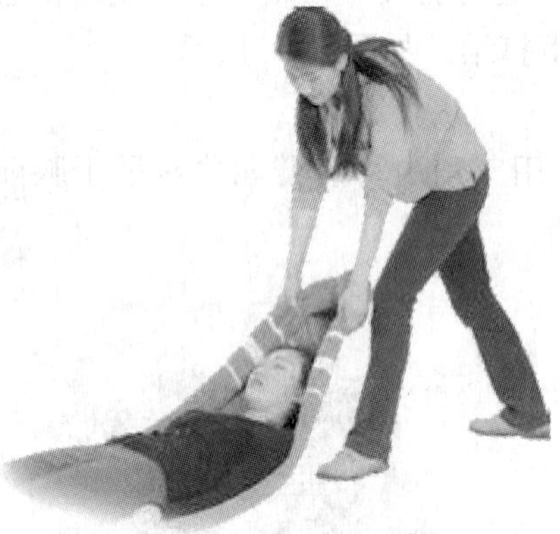

图 6-18　毛毯拖行

图 6-19　爬行法

2．双人搬运

双人搬运徒手搬运可用轿式或椅式运送法。如有担架或简易担架，可进行双人抬担架搬运，如图 6-20 所示。

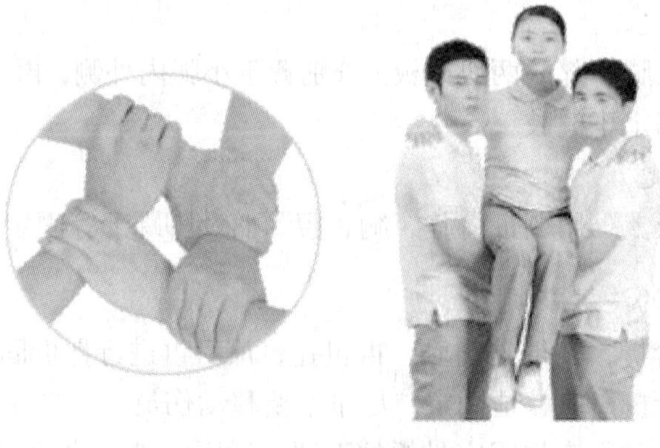

图 6-20　双人杠轿搬运

3．脊柱骨折伤员搬运：骨折的脊椎骨容易损伤脊髓，不能活动和负重。搬运时应多人用手分别托住伤员的头、肩、臀和下肢，动作一致地将伤员托起，平放在硬板担架上。绝不可一人抱头、一人抱脚的不一致搬动。若伤员疑有颈椎骨折，应有专人固定头部，然后按脊椎伤员平抬搬运，并固定好颈部和头部，防止头、颈扭转和前屈，如图 6-21 所示。

图 6-21　脊柱骨折伤员搬运

4．骨盆骨折的伤员搬运方法：取伤员仰卧位，两髋、膝关节呈半曲屈位，腘下垫以衣物或被褥卷，两下肢略外展，减轻疼痛。

搬运时注意事项：（1）搬运动作要轻巧、迅速、尽量减少震动和颠簸；（2）搬运前应做好伤员的初步急救处理，一般要先止血、包扎、固定，再搬运；（3）搬运过程中随时观察病人伤情变化，及时处理。

六、心理安抚的技巧

1．陪伴

一旦乘客发生意外伤害或突发疾病，工作人员应该及时赶到现场，在开展呼救、抢救的同时，还应安抚、陪伴乘客。即便是轻伤乘客，在对方情绪没有完全稳定之前，也不宜将伤员独自留在现场。工作人员的陪伴会给受伤乘客带来安全感，并能让对方感受到温暖和支持。

2．认真倾听

听话也是一种艺术，听话过程中不要急于打断对方诉述，要善于引导。受伤乘客通常情绪比较激动，希望倾诉，有些乘客甚至会将愤怒发泄在工作人员身上，而且可能对意外发生过程的叙述与事实有一定出入，这时工作人员不要急着打断乘客的诉说，也不要急于反驳对方的说法。先认真、耐心倾听，对他们的处境给予高度重视和同情，让对方的情绪有一个出口，使对方感到你在认真关注他们的痛苦，以消除疑虑，产生信赖。同时尽情地倾诉，也能起到疏泄郁闷情绪的作用，使其一吐为快，心情放松。

3．耐心解释

对受伤乘客提出的问题尽量采用通俗易懂、深入浅出的说法给予耐心、诚恳的解释，你切合实际的解释，会让对方感到你的真诚。切忌用复杂高深的专业术语使乘客难以理解。更不能将乘客的不理解简单归结于“这个你不懂”。

4．适当保证

对待顾虑特别多的乘客，可以给予适当的保证，让他们先消除疑虑，好好接受并配合治疗。如："请您放心，我们一定会妥善处理好您这件事情的。"

5．语气和态度

在安抚受伤乘客时，语气要轻柔、真切，态度一定要真诚，绝不能用轻视及敷衍的态度。要让对方切实感受到你在设身处地地为他们着想，真正想帮助他们解决问题，减轻痛苦。

实操模块

[实训任务] 1. 练习心肺复苏术；2. 止血、包扎、骨折固定、伤员搬运；3. 分组模拟进行心理安抚练习。

[实训目的] 熟练掌握心肺复苏术；掌握止血、包扎、骨折固定、伤员搬运的方法；掌握受伤乘客的心理安抚技巧。

[实训要求] 能在心肺复苏模型上熟练完成心肺复苏术；两人一组，能互相熟练进行止血、包扎、骨折固定、伤员搬运的操作。能对伤员进行有效的心理安抚。

[实训环境] 急救实训室。

[实训指导] 指导学生完成心肺复苏及创伤止血、包扎、骨折固定和伤员搬运。指导如何进行心理安抚。

[实训考评] 心肺复苏术的步骤正确、操作熟练规范；创伤止血、现场包扎、现场骨折固定及伤员搬运方法正确、熟练。心理安抚恰当、有效。

课后思考

1. 什么是心肺复苏？叙述早期心肺复苏步骤。
2. 创伤止血的方法哪些？

任务三 现场保护及收集证据

学习目标

（1）掌握现场保护的方法；

（2）掌握有效证据的概念、类型及收集方法。

学习任务

学会保护现场、有效采集证据。

教学环境

多媒体教室。

理论模块

一、现场保护及其原则

现场保护是指对事故发生现场，保持发现的原样状态，防止遭受变动而采取的保护措施。事故现场是追溯判断发生事故原因和事故肇事者责任的客观物质基础。

现场保护的基本原则：

第一，不移动、不破坏现场；必要时可设置警戒线。

第二，万不得已、必须移动现场时，应先做必要的、基本的证据采集。如拍摄现场照片、视频，油漆（喷漆）记录被移动的人（物）原先的位置。

二、客伤事件证据的类型

在城市轨道交通企业内发生的客伤事件大部分属于民事案件。民事案件的证据类型是指《民事诉讼法》规定的七种证据形式：书证、物证、视听资料、证人证言、当事人陈述、鉴定结论与勘验笔录。

书证是指以文字、符号、图案所反映出来的思想内容来证明案件事实的证据。书证往往存在于一定的物质载体之上，如纸张、石碑、布等，以其记载或者表示的内容、含义来证明案件事实。

物证是以物品本身所具备的外部特征和物质属性来证明案件事实的证据，如物品的形状、质量、痕迹等特征。在实践中，同一物体，可能既是书证，也是物证。

视听资料是指利用录像、录音磁带反映出的图像和音响，或以电脑储存的资料来证明待证事实的证据。

证人证言是指案件知情人所做的关于案情事实的陈述。

当事人陈述是指案件当事人所作的关于案件事实的叙述。

鉴定结论是指对某些专门性问题，经当事人申请，有权机关同意，指定具有专业资格的机关进行鉴定，从而作出科学的分析，提出结论性的意见。

勘验笔录是指司法机关的专业人员为了查明案情，对与争议有关的现场或者物品，亲自进行勘查检验，进行拍照、测量，将勘验情况和结果制成笔录，称为勘验笔录。

实践中，城市轨道行业自行收集的证据主要为书证、物证、视听资料、当事人陈述、证人证言。

技术模块

一、现场保护技巧

1. 应由两人或两人以上协同处理，一人负责安抚乘客，另一人着重现场保护；但应尽量在完成基本取证工作的前提下挪动、搀扶受伤乘客。

2. 如有必要，应在现场周围划出一定的警戒范围，避免围观群众靠近现场，破坏现场痕迹物证。事故处理人员自身也应尽量减少隔离带内的行动。

3. 用照相器材及油漆（喷漆）等，记录被移动的人（物）原先的位置；必要时可制作现场图。

4. 及时要求当事人陈述事件经过并妥善保留相关资料，如口述录音、视频、书面记录等，并注意在资料中体现当事人身份信息。

5. 积极寻找至少两名现场目击证人，记录证人证言（录音、视频、书面证词），留下证人资料以供日后联络之用。

6. 在必要的取证工作完成之前，应派专人留守现场，避免现场被破坏。

二、证据采集技巧

（一）确认客伤案件发生的地点，根据适用的归责原则，确定证据采集要点。

1. 乘客上下列车及列车运行过程中发生客伤——一般适用无过错责任原则。

例如，乘客落轨、进入线路、车内受伤、因车门/屏蔽门开关受伤等。如证明乘客有故意行为或因自身健康原因，车方可免责或减轻责任。因此证据重在采集乘客的自身情况，可通过现场视频、当事人调查、目击者证词、乘客的医学诊断等收集证据。

2. 乘客在站厅、站台等城市轨道企业负有管理责任的区域发生客伤——一般适用过错责任原则。

如扶梯摔伤、站内摔伤、闸机夹伤/刮伤等，车方、乘客方依据过错程度按比例承担相应责任，即有过错才有责任，无过错即无责任。因此，证据采集重点是过错情形及免责情形。

（二）一般证据采集要点

1. 乘客过错情形

（1）自身原因。如突发疾病、行为不当（如在扶梯、站台奔跑；强行阻拦车门或屏蔽门关闭、乘坐电梯时未拉扶手等等）。以上主要采集现场视频资料、目击者证词等。

（2）属特殊人群，如幼儿、70岁以上老人、重症病人等，缺少监护照管人员。主要采集监控视频资料、当事人陈述、目击者证词等。注意陈述中应先明确当事人身份信息。如图6-22所示。

图6-22　未成年人独自乘坐扶梯，无监护人陪护且乘客未拉扶手

（3）携带过长过大行李，妨碍行动便利。注意收集行李件数、尺寸资料，应由当事人确认行李信息（签字），可拍照（人和行李）

（4）第三方蓄意伤害或过失导致。收集监控视频资料、当事人陈述、目击者证词。如构成治安案件或刑事案件，移交有关机关处理。如图 6-23 所示。

图 6-23　第三人蓄意伤害

2．车站方免责要点：

（1）列车按标准作业流程开关门的资料。

（2）完善的扶梯检修记录，可随时备检。

（3）扶梯及其他设施正常运行的视频证据。

（4）尽到警示义务。如在事故多发部位设置警示标志，设置警示人员（可用现场拍照、摄像方式采集，资料中应同时包括当事人和警示标志，确保图片证据的效力。

（5）确认客伤点有无障碍物，如水渍、油渍、地面扶梯处的异状。

（6）在事故发生后，及时采取应急措施，起到救助义务。如图 6-24、图 6-25 所示。

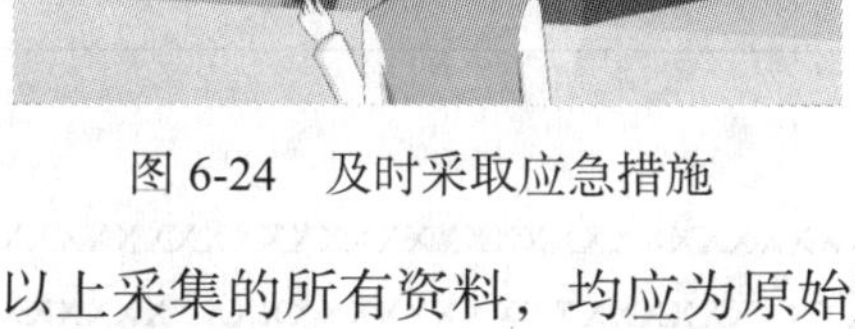

图 6-24　及时采取应急措施

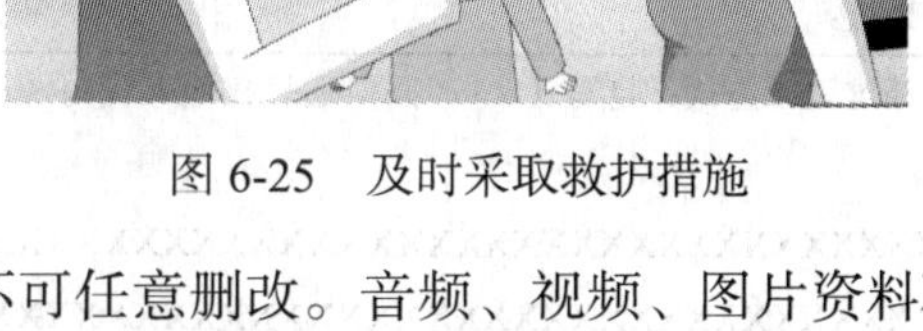

图 6-25　及时采取救护措施

以上采集的所有资料，均应为原始资料，不可任意删改。音频、视频、图片资料不得做任何编辑。

实操模块

[实训任务] 围绕设计案例，完成一次客伤事故现场维护及证据采集工作。

[实训目的] 掌握基本的现场维护及证据采集技能。

[实训要求]

1. 完成设置警戒带、保留现场痕迹等现场维护操作及用照片、视频等方式收集必要的证据。

2. 制作当事人陈述资料、目击者书面证词资料，制作证据目录及做好相应的记录，目录表及证据记录表见附表 1、2、3、4。

[实训环境] 多媒体教室。

[实训指导] 要求学生事先制作流程图。

[实训考评] 照片、视频、当事人陈述、目击者证词的完成情况。

附表 1　证据目录

证据目录

1. ______________________________
2. ______________________________
3. ______________________________
4. ______________________________
5. ______________________________
6. ______________________________
7. ______________________________
8. ______________________________

附表 2　当事人事件经过记录

事件经过记录表（当事人）
事发时间：　　年　月　日　　　　事发地点：
当事人姓名：　　　　性别：　　　　年龄：
身份证号码：
联系电话：
家庭地址：
事件经过记录方式：自写（　　）口述授权他人代写（　　） XXXXXXXXXXXXXXXXXXXXXXXXXXXXXXXXXXXXXXXXXXXXXXXXXXXXXXXXXXXXXXXXXXXXXXXXXXXXXXXXXXXXXXXXXXXXXXXXXXXXXXXXXXXXXXXXXXXXXXXXXXXXXXXXX。 签名：×××　　　（手印） 时间：　　年　月　日 代写人：×××

附表 3　工作人事件经过记录表

事件经过记录表（工作人员）
事发时间：　　年　　月　　日　事发地点：
姓名：　　　　　　　　　　当班岗位：
事件经过记录： XXXXXXXXXXXXXXXXXXXXXXXXXXXXXXXXXXXXXXXXXXXXXXXXXXXXXXXXXXXXXXXXXXXXXXXXXXXXXXXXXXXXXXXXXXXXXXXXXXXXXXXXXXXXXXXXXXXXXXXXXXXXXXXXXXXXXXXXXXXXXXXXX。 签名：×××　　　（手印） 时间：　　年　　月　　日

附表 4　目击证人事件经过记录表

事件经过记录表（目击证人）
事发时间：　　年　　月　　日　事发地点：
当事人姓名：　　性别　　年龄：
身份证号码：
联系电话：
家庭地址：
事件经过记录：
XXXXXXXXXXXXXXXXXXXXXXXXXXXXXXXXXXXXXXXXXXXXXXXXXXXXXXXXXXXXXXXXXXXXXXXXXXXXXXXXXXXXXXXXXXXXXXXXXXXXXXXXXXXXXXXXXXXXXXXXXXXXXXXXXXXXXXXXXXXXXXXXXX。 签名：×××　　　（手印） 时间：　　年　　月　　日

课后思考

案例：2004 年×月，在某地铁站，吴××在站台追赶地铁列车过程中，因奔跑过快而不慎掉下站台，被列车轧断双腿。

2005 年 1 月，吴××将地铁公司诉至西城法院，索赔 200 余万元。11 月，西城法院认定吴××重大过失，驳回请求。吴××上诉，2006 年 3 月，中院维持判决。

2006 年 11 月，吴××申诉，案件发还西城法院重审。2008 年 1 月 8 日，西城法院判决，认定地铁公司承担无过错责任，判决赔偿吴××50 余万元的经济损失和 30 万元精神抚慰金。地铁公司上诉。6 月，中院终审维持原判。

2009 年 7 月，经地铁公司申请，高检向高院抗诉。9 月，北京高院裁定案件发回西城法院重新审理，吴××此次最终索赔金额为290余万元，含假肢费用、残疾赔偿、精神损害赔偿50万元等。12月18日西城法院认定吴××存在重大过错，从公平原则出发，地铁公司给予吴经济补偿25万元。

本案经两次发回重审，先后作出多份内容迥异的判决或裁定，地铁方最终胜诉的主要证据为：地铁公司在站台区画有黄色警示线，在列车上下行方向轨道侧墙上设置了“禁止跳下”等警告标志。在吴××受伤后，地铁公司立即采取了断电、通知警方及急救中心、主动垫付住院费用等措施。

请思考：

1. 以上证据的采集方式。
2. 证据所起的证明作用。
3. 如可能，地铁方当时还应采集哪些证据？

任务四　客伤调查及责任认定

学习目标

1. 了解客伤事故（件）调查的流程；
2. 了解客伤事故责任认定的依据。

教学环境

多媒体教室。

理论模块

一、地铁承担责任的客伤

本任务以某地铁的客伤处理规章为例来分析客伤的责任范围。乘客自验票进入闸机起至出闸机时止（付费区范围内的乘客），对运输期间发生的乘客人身伤害，地铁承担运输责任，包括（但不限于）以下情况：

（1）地铁设备设施损坏未及时修复且未设置警示、防护造成的；

（2）地铁施工作业造成的；

（3）列车紧急制动造成的；

（4）地铁、自动范围内的垂直电梯自动扶梯突然停止运行或启动造成的；

（5）屏蔽门、车门夹人造成的（属乘客强行上、下列车的情况除外）；

（6）地铁设备设施突然发生故障造成的；

（7）闸机夹人造成的（乘客强行出闸、无票尾随出闸的情况除外）。

对于无票人员在地铁付费区范围内发生的人身伤亡比照乘客办理；对于无票人员和已购票的乘客在地铁非付费区范围内发生的人身伤亡，因地铁设备设施或管理所致的，比照乘客办理；因自身原因造成的，原则上不予承担责任。

但有下列原因之一造成的人员伤害地铁不承担运输责任：

（1）违反“地铁运营管理办法”而造成的乘客本人或他人伤害；

（2）不可抗力造成的乘客人身伤害；

（3）自身健康原因造成的乘客本人或他人伤害；

（4）能证明是故意、重大过失造成的乘客本人或他人伤害；

（5）因第三者责任（包括斗殴或制止斗殴）造成乘客人身伤害时，受害者直接向施害的第三者索赔，公司原则不予承担责任；

（6）利用地铁站通道穿行或在车站逗留、休息等无票人员因自身原因造成的伤亡，地铁车站只提供基本援助，原则上不予承担责任。

二、客伤事故（件）调查

处理事故（件）要以事实为依据，以规章为准绳，按照“四不放过”原则（事故原因没有查清不放过，事故责任者没有严肃处理不放过，防范措施没有落实不放过，广大员工没有受到教育不放过）处理事故，认真调查分析，查明原因，分清责任，吸取教训，制定对策，防止同类事故（件）再次发生。

城市轨道交通企业根据客伤事故（件）造成的人员伤亡、经济损失等后果将事故分为特别重大事故、重大事故、较大事故、一般事故、险性事件、一般事件、事故苗子。一般事故以上的事故按照《生产安全事故报告和调查处理条例》和企业的相关规定进行等级划分和调查处理，发生的险性事件及以下的事件则由地铁运营公司根据相关法律法规和规章制度开展调查工作，客伤事故调查的流程如下。

1. 成立调查组

客伤事故（件）发生后，事故现场调查组自然成立。事故（件）调查组的组成应当遵循精简、效能的原则，根据具体情况，由安全生产部门负责组织相应人员参加，调查组成员应当具有事故调查所需要的知识和专长，并与所调查的事故（件）没有直接的利害的关系。

2. 现场调查

调查组在组长的领导下到现场进行事故（件）调查。当事故（件）调查组到达事故现场前，车站值班站长、列车司机、行车值班员要保护现场，挽留事故见证人，保存可疑物证，查找事故线索及原因，做好记录，积极协助事故调查组做好事故调查工作。

3. 召开事故分析会

事故（件）调查组接到书面报告后，召开事故（件）分析会。安全部门根据事故（件）分析会的有关情况起草险性事件、一般事件调查报告，报公司安全生产委员会审核。

三、调查报告的撰写

事故（件）调查组应当在事故（件）发生之日起60日内提交事故调查报告，特殊情况下可以适当延长。

事故（件）调查报告应包括以下内容：

（1）事故（件）发生单位概况；

（2）事故（件）发生的经过和事故救援情况；

（3）事故（件）造成的人员伤亡和直接经济损失；

（4）事故（件）发生的原因和事故性质；

（5）提交事故（件）调查报告。

四、客伤责任判定及处罚

1．判定客伤事故（件）责任

客伤事故（件）的责任可划分为全部责任、主要责任、同等责任、次要责任和一定责任、无责任。全部责任是指负有事故（件）损失及其不良影响100%的责任；主要责任是指负有事故（件）损失及其不良影响60%至90%的责任；同等责任是指各方均负有事故（件）损失及其不良影响的相同份额的责任；次要责任是指负有事故（件）损失及其不良影响30%至40%的责任；一定责任是指负有事故（件）损失及其不良影响10%至20%的责任；如果造成事故（件）的全部原因为运营公司外部单位或人员，则运营公司相关中心或部门定为无责任，该事故（件）统计为其他事故（件）。

事故（件）责任判定的依据是各种规章制度、办法及规定等。

2．客伤事故（件）的处罚与赔偿

为教育广大干部职工，避免或减少事故（件）的发生，凡造成各类事故（件）的责任部门的主管、直接、相关负责人和事故（件）直接、主要责任人，均应按有关规定给予经济处罚或行政处分。导致事故（件）的有关责任人，给予警告、记过或记大过处分，情节较重的，给予降级、撤职或者留用察看处分；情节严重的，给予开除处分。

客伤事故（件）发生后，车站应积极处理，如现场处理结果乘客不满意，则乘客可能会向公司索赔，要求以经济补偿的方式赔偿乘客的损失。对于乘客提出的索赔要求，企业要依据《合同法》、《侵权责任法》或《消费者权益保护法》等法律法规来确定是否进行赔偿，同时要在保护企业利益最大化的基础上，以人为本，与乘客共同协商赔偿标准。

课后思考

1. 哪些情况造成的人员伤害地铁不承担运输责任？
2. 当地铁发生责任客伤，如何对乘客进行赔偿，赔偿的法律依据有哪些？

项目七 城市轨道交通客运服务理念及质量标准

项目描述

本项目通过介绍城市轨道交通客运服务理念及《城市轨道交通客运服务质量标准》的主要内容，要求同学们能将客运服务理念运用到日常的服务中，并能严格按服务质量标准要求为乘客提供服务。

任务一 客运服务理念

学习目标

1. 了解服务理念的概念；
2. 掌握现代客运服务理念；
3. 了解客运服务有形展示策略。

学习任务

通过案例或现场参观体会各种现代客运服务理念的具体运用。

教学环境

多媒体教室或者现场参观模式。

理论模块

一、服务理念

所谓服务理念是指人们从事服务活动的思想意识，反映人们对服务活动的理性认识，是指一个组织对服务工作所持有的主观认识、一贯看法和基本态度，是在服务实践中逐步形成和提升，并指导服务实践活动。

服务理念对服务管理具有极其重要的意义，尊重客户，理解客户，持续提供超越客户期望的产品与服务，做客户们永远的伙伴，这是我们需要倡导的服务理念。如中国移动的服务理念是：沟通从心开始。

1. 现代客运服务理念

随着服务理念的发展，很多企业认识到“服务是奉献与获得经济利益的统一”这一新的服务理念。其主要特征体现在：视乘客为亲友、乘客永远是对的、强化现代服务理念，提升服务品位。

（1）“乘客至上”的服务理念

乘客中心观念不是孤立的思想行为，它是多种观念相互作用的结果。这些观念主要是：乘客创造市场观念、乘客创造利润观念、乘客创造质量观念、乘客创造机遇观念和乘客创造形象观念。

（2）“人性化”的服务理念

包括基本需求的满足、不同层次需求的满足、满足乘客的个性化需求，提升服务品位。

人性化的服务、人文关怀、人道主义等，为社会所包容，是社会发展的一个更高的境界，追求个性化，从亲情服务商展现人文关怀。

（3）全过程服务理念

乘客进行一次出行，从开始计划出行到到达目的地有一系列的环节，因此乘客希望得到全过程的服务。

（4）关键时刻服务

乘客在出行过程中由于自身的原因或其他客观原因在不同的阶段会产生不同的需求，因此在某些关键时刻应提供不同的需求，如对不会使用 TVM 的乘客，购票时刻应提供引导购票的服务；对老年人等特殊乘客在乘降时刻就提供引导和帮搀服务等。

目前，各城市轨道交通公司都有各自具有特色的服务理念，如上海地铁公司服务理念是“打不还手，骂不还口，无理不强争，得理要让人”；北京地铁公司服务理念是“以市场为中心，以乘客需求为导向”；成都地铁公司服务理念是“秉持真诚，服务大众”。

2. 客运服务承诺

（1）服务承诺及内容

服务承诺是指客运服务企业公布服务质量或效果的标准，并对乘客加以利益上的保证和担保。

（2）承诺的意义

服务承诺可以极大地增强客运服务企业的营销效果，可以提高乘客的忠诚程度，可以促进企业员工以更大的热情投入到为乘客服务中去，有利于企业营造团结向上的气氛。服务承诺是对乘客的保证，是对员工的激励，是企业扩大市场占有率，促进利润持续增长的重要途径。

（3）承诺的形式

服务承诺可以以客运服务企业的经营目标和宗旨表现出来；可以通过传播媒介，树立良好的企业形象；以海报、公告等形式向乘客提供服务承诺；以规定的形式向乘客保证；通过服务人员与乘客的直接接触，向乘客表达企业和服务人员的具体承诺。如某地铁的承诺是：安全、准点、舒适、便捷。安全就是提供可靠的运输服务，确保地铁安全和良好的秩序，乘客人身伤亡责任事故为零件/年；准点就是99.5%的运营列车正点运行；快捷就是一号线全程运行时间控制在33分钟以内，闸机、售票机使用可靠性大于95%；舒适就是确保地铁列车和车站清洁明亮，温度舒适，通风良好，列车温度28℃以下的时间大于90%，车站温度30℃以下的时间大于90%。

3．客运服务理念的创新

由于经济的增长，人们的生活水平也在不断提高，人们对出行的需求也在不断发生变化，如果服务理念一成不变，则不能适应乘客出行需求的变化。因此，服务理念也应适应环境，进行一定的服务理念创新。如铁路旅客运输服务中的“推行无干扰服务”、“推行情感化服务”均是在服务过程中的创；又如“零换乘、一站式服务”则是公交服务中创新。

二、客运服务有形展示

由于客运产品不具有实物形态，不能展览、不能陈列，其促销形式受到一定程度的影响。但运输工具、服务信息、票价、人员、服务环境等服务线索却以实物形式存在，因此可借助于这些有形的服务线索将信息传递给消费者，实现对消费者进行有效外部刺激。

客运服务有形展示是指客运服务企业借助于有形要素来推销无形产品的手段就是服务的有形展示。

1．有形展示的类型

客运服务的有形展示根据服务线索的特点可分为服务环境、服务信息和服务价格等。

（1）服务环境展示

服务环境是乘客能够感受到的环境刺激，用来美化轨道交通企业的形象。如直接感受到的车站设计、现代化的售票手段、舒适的候车环境、干净整洁的车厢等及服务人员的仪容、行为举止、语言等，这些因素直接影响乘客的感受，提高企业的吸引力。

（2）服务信息

服务信息指直接为乘客出行提供服务帮助的有关信息。主要有列车时刻表、票价表、出行小常识、乘车须知及本城市风景名胜、生活小常识等信息。如PIS提供的信息。

（3）服务价格

服务价格是指票价。票价传递的主要是服务价值的信息。乘客在完成出行消费的过程后，必然会比较票价与服务质量是否相符。

2．有形展示的作用

（1）有利于识别服务理念

在当前激烈的服务市场竞争中，服务企业越来越讲究服务的理念，而抽象的服务理念通过有形的服务环境可以得到具体的提示，从而有利于乘客的识别。

（2）有利于识别服务特色

由于服务的无形性，服务企业的服务特色比较难以识别，而服务环境能起到提示服务特色的作用，从而有利于服务特色的识别。

（3）有利于推广服务创新

由于服务的抽象性，服务创新的推广是比较困难的，而如果将服务创新与服务环境的设计结合起来，就可利用服务环境的提示作用帮助服务的推广。如轨道交通通过联网售票、自动售票机、自动检票机提示客运的新服务，但这些服务环境的设计越好越简便，相关的创新就越容易被乘客所接受。

（4）有利于烘托和提高服务质量

由于服务的无形性，服务质量较难被乘客识别，而服务环境可以提示服务质量，增强其识别度。高质量的服务设施和工具，可以向乘客提示高质量的服务，即服务的“硬件”质量可以“烘托”服务（“软件”）本身的质量。另外，服务设施和工具质量的提高，也会给服务人员造成压力，推动他们服务质量的提高，以便与高质量的设施和工具相适应。如轻轨、地铁公司都开始向航空公司学习高质量的服务方法、技巧等，以提高他们的服务水准。

（5）有利于服务促销

服务的无形性使得服务广告比较难做，服务业的促销手段比制造业要少得多，而如果尽量发挥服务环境的信息提示作用，就可以弥补服务促销手段的不足。现在很多站车的广告费用不足，如能利用好现有的信息传播手段（车站广播、列车广播、信息揭示牌等），也能较好地进行服务的促销。

3．城轨客运服务的有形展示

客运有形展示的途径主要有企业 LOGO、车站、列车和线路等，其中对乘客影响最大的是车站和列车。

（1）车站有形展示

车站是乘客旅行的第一站，是人流较为集中的地方，是企业展示服务的窗口。由于不同的车站所出的自然条件、政治经济条件、文化环境等各不相同，车站的设计应有不同的风格。车站应考虑车站考虑所处地理位置、文化背景和乘客的需求来设计主体。

车站的设计要考虑企业的整体形象，展示企业的特色，也要考虑车站所处的地理位置、文化背景，展示城市窗口的形象，更要考虑乘客的需求，为乘客创造舒适、方便的购票、候车环境。

车站的有形展示应包括信息的展示、现代化服务手段的展示、文化氛围的展示等。

信息的展示应完善车站揭示牌、宣传公益信息、建立信息查询系统。现在大多数车站的服务信息大都通过揭示牌的形式向乘客展示，但揭示牌的位置不明显、文字过小、内容陈旧等情况较为普遍，乘客使用很不方便。因此，必须在醒目的位置设置介绍车站布局、服务信息等揭示牌，揭示牌要做到：美观大方、内容表示要准确、信息更新要及时、乘客阅读要方便。同时，在一些外国人乘车较多的车站设置双语平面引导系统，方便乘客乘车。

企业具有很强的公益性，对车站信息的宣传，也应从公益角度出发，除利用信息台发布信息外，还可借鉴大气质量公告的做法，在报纸、电台、电视台等媒体发布与公众利益相关的信息，更好地展示企业良好的社会形象。

传统的信息传递主要靠车站广播、人工问讯、张贴通告等形式来实现，有其优越性，但在信息报炸的现代，很显然有其不足。因此，除了靠传统途径来传递信息外，还必须依靠现代化的传播手段来传递信息。通过电子触摸屏、电子显示屏、多媒体等现代化手段的揭示引导系统，展示票价表、时刻表、服务承诺和服务信息等，对乘客进行有效的视觉、听觉刺激，激发乘客购买欲望，方便乘客旅行。

现代化的服务手段，如计算机联网售票、自动售票机售票、自动检票机检票、危险品检查仪、残疾人专用电梯等在企业大量的使用，一方面提高了运输服务的效率，给乘客带来了方便，另一方面则体现了企业服务的现代化水平。因此，必须将这些现代化服务手段充分展示在乘客的面前，让乘客能直接感受到实是在在的高水平服务。宽敞、明亮的售票环境，现代化的售票手段，已成为企业的一道亮丽的风景。

服务场所除实现其服务功能外，还应增加文化的氛围，提升服务的档次，如绿化布置、播放音乐，有条件的车站可在候车场所设置钢琴弹奏，展示良好的企业文化。

地铁员工端庄的仪容、大方的仪表、得体的仪态，能弥补自身的某些不足，更好地展现自我。一个关爱的眼神、一张真诚的笑脸、训练有素的动作，就像无声的语言，成为企业服务的一道独特的风景。服务没有最好，只有更好。不断学习，掌握丰富的知识，提高自身的综合素质，才能更好地为乘客服务。

（2）列车的有形展示

列车外部颜色鲜明，设计是更符合美学、科学的流线型；内部既要方便实用，也要和谐美观。色彩的选用既要高雅大方又不能给乘客强烈的视觉刺激，引起乘客的烦躁和不安。设施布置整洁、统一，不能凌乱、单调。适当布置旅行指南、乘车文明公约、书画、摄影作品，营造文化的氛围，传播社会主义精神文明。向乘客发送服务指南，把服务项目、标准向乘客展示，有条件的列车设有闭路电视，播放安全常识、旅行知识、新闻等公益性的节目。

三、客运服务品牌策略

品牌是生产经营者结合自己的产品规定的商业名称和标志，是一个名称（名词）、术语、标记、符号或它们的组合，用以区别本企业或不同企业的产品或劳务，

服务品牌是指服务机构、服务岗位、服务人员、服务生产线、服务活动、服务环境、服务设施、服务工具乃至服务对象的名称或其他标志符号，是一个涵盖很广的概念。

1．品牌的表现形式

（1）硬件措施

随着各大中城市快速修建轨道交通，面对与日俱增的客流，地铁应挖潜增效，通过列

车扩编、增加列车上线数、改造终点站提高折返能力等方法持续提升运能。从设备使用情况看，梳理设备检修规程，提高设施设备系统可靠性。在试运营阶段就对各设备使用积极收集乘客使用反馈信息，将设备使用中的故障率减到允许值之内。对于车站进行整容、整洁方案，包括对车辆通风、空调系数整改、广播及传输系统扩容、增设公用卫生间等，从硬件设施上优化乘车环境，创造舒适乘车的理念。

（2）软件措施

实现服务品牌创建目标，需要地铁员工具备良好的职业习惯、严格的职业纪律、精湛的职业技能。服务只有超越乘客的期望，才能给乘客留下深刻的印象。实现服务品牌创建目标，不仅要体现在日常的言行之中，更要引导员工把服务意识渗透在每个环节上，使大家认识到平凡的服务工作不能以计算工时来衡量，要以提供超越乘客期望值，使乘客的满意达到惊喜程度的全方位超值服务为最高标准，以“察言观色”的特殊本领服务乘客。

培育各类在具体工作中产生的行之有效的先进操作法、特色服务创新举措等。如提供雨伞、提供饮用水、关爱老年人对其多一声问候多一下搀扶等。针对地铁接触乘客较多的优势，通过宣传车次路线、免费赠送地铁报、时刻表等方式开展产品广告宣传；定期针对各站周边情况开展具有特色，既发扬文化又树立地铁企业形象的活动。使得地铁客运旅行环境舒适、服务优质、便利周到、人性关怀等优势深入人心，塑造城市轨道交通客运服务的良好形象，打造优质品牌。如名称（如“和谐号”）、标志（如用徽章做标志）、商标。

2. 品牌的作用

品牌是一种识别标志、一种精神象征、一种价值理念，是品质优异的核心体现。

（1）品牌对企业的作用

品牌有着四大作用：一是维权功能。通过注册专利和商标，品牌可以受到法律的保护，防止他人损害品牌的声誉或非法盗用品牌。二是增值功能。品牌是企业的一种无形资产，它所包含的价值、个性、品质等特征都能给产品带来重要的价值。即使是同样的产品，贴上不同的品牌标志，也会产生悬殊的价格。三是形象塑造功能。品牌是企业塑造形象、知名度和美誉度的基石，在产品同质化的今天，为企业和产品赋予个性、文化等许多特殊的意义。四是降低成本功能。平均而言，赢得一个新客户所花的成本是保持一个既有客户成本的6倍，而品牌则可以通过与乘客建立品牌偏好，有效降低宣传和新产品开发的成本。

（2）品牌对乘客的作用

品牌对消费者来说有着五大作用。一是识别功能。品牌可以帮助乘客辨认出品牌的制造商、产地等基本要素，从而区别于同类产品。二是导购功能。品牌可以帮助乘客迅速找到所需要的产品，从而减少消费者在搜寻过程中花费的时间和精力。三是契约功能。品牌是为乘客者提供稳定优质产品和服务的保障，乘客者则用长期忠诚的购买回报企业，双方最终通过品牌形成一种相互信任的契约关系。四是个性展现功能。品牌经过多年的发展，能积累独特的个性和丰富的内涵，而乘客可以通过购买与自己个性气质相吻合的品牌来展现自我。

3. 客运服务品牌名称和标志

客运服务品牌名称（如示范车站、示范岗、精品列车）和标志（如图 7-1 所示为部分地铁企业的标志）的都应能反映企业或产品与众不同，要与产品密切联系，暗示产品效用或质量，同时要简洁明快，易于识别和记忆，且要有良好的视觉形象。

图 7-1　部分城市地铁标志

实操模块

[实训任务] 设计你所心仪的地铁企业标志，可以根据自己家乡的特点来设计。

[实训目的] 了解标志设计的原则。

[实训要求] 要求颜色鲜艳，并写出设计意图。

[实训环境] 多媒体教室。

[实训指导] 指导学生在设计过程中将设计意图融入标志中。

[实训考评] 标志中是否能反映意图及服务意念。

思考与练习

1. 课后查找我国省会城市城市轨道交通运营公司的服务标志，分析它们分别体现了什么样的服务理念？

2. 假设你所在地城市要修建地铁，请为本城市地铁设计一份LOGO，说明设计意图。

任务二　客运服务质量标准

学习目标

1. 理解服务标准的含义及制定标准的依据；
2. 掌握《城市轨道交通客运服务标准》的主要内容。

学习任务

掌握国家、行业、企业的服务质量标准。

教学环境

多媒体教室。

理论模块

一、服务质量标准及其分类

1. 服务标准和服务标准化

服务标准是针对客运服务工作中大量重复进行的作业、程序和方法，以现行规章为依据，利用科学原理，在深入调查研究，认真总结先进经验的基础上，遵循有关规定，为保证乘客安全运输和提高客运服务质量而作出的统一规定和技术文件。

服务标准化是客运部门推行标准化活动的总称，是客运部门制定，发布服务标准、贯彻、落实、实施标准，不断完善服务标准的全过程。

2. 服务标准的分类

我国的标准依据《中华人民共和国标准化法》的规定，按照适用范围将标准划分为国家标准、行业标准、地方标准和企业标准 4 个层次。各层次之间有一定的依从关系和内在联系，形成一个覆盖全国又层次分明的我国标准体系。企业标准虽然是我国标准体系中最低层次的标准，但这不是从标准的技术水平的高低来划分的，是从标准的权威性来划分的。

国家标准是指由国家标准化主管机构批准发布，对全国经济、技术发展有重大意义，且在全国范围内统一的标准。国家标准是在全国范围内统一的技术要求，由国务院标准化行政主管部门编制计划，协调项目分工，组织制定（含修订），统一审批、编号、发布。标准一般以“G”作为企业标准的开头。

行业标准在全国某个行业范围内统一的标准，由行业标准归口部门统一管理，行业标准的归口部门及其所管理的行业标准范围。对没有国家标准而又需要在全国某个行业范围内统一的技术要求，可以制定行业标准。行业标准由国务院有关行政主管部门制定，并报国务院标准化行政主管部门备案，在公布国家标准之后，该项行业标准即行废止。

地方标准又称为区域标准：对没有国家标准和行业标准而又需要在省、自治区、直辖市范围内统一的工业产品的安全、卫生要求，可以制定地方标准。地方标准由省、自治区、直辖市标准化行政主管部门制定，并报国务院标准化行政主管部门和国务院有关行政主管部门备案，在公布国家标准或者行业标准之后，该项地方标准即行废止。

企业标准是对企业范围内需要协调、统一的技术要求，管理要求和工作要求所制定的标准。企业标准由企业制定，由企业法人代表或法人代表授权的主管领导批准、发布。企业标准一般以“Q”作为企业标准的开头。《中华人民共和国标准化法》规定：企业生产的产品没有国家标准和行业标准的，应当制定企业标准，作为组织生产的依据。企业的产品标准须报当地政府标准化行政主管部门和有关行政主管部门备案。已有国家标准或者行业标准的，国家鼓励企业制定严于国家标准或者行业标准的企业标准，在企业内部适用。

二、城轨客运服务国家标准

根据中华人民共和国国家标准 GB/T 22286—2008，《城市轨道交通客运服务》主要适用于全封闭线路上运行的城市轨道交通系统的客运服务，其他城市轨道交通系统的客运服务可参照执行。主要涉及客服的基本要求、服务管理、服务质量、服务设施、服务安全和服务环境等方面。

1．基本要求

服务组织应以安全、准时、便捷、舒适、文明为目标，为乘客提供持续改进的服务。

服务组织应为乘客提供符合服务规范的服务设施、候车环境和乘车环境。

服务组织应为乘客提供规范、有效、及时的信息，在非正常运营状态下，应为乘客提供必要的指导信息。

服务组织应向残障等特殊乘客提供相应的服务。

为乘客提供的公益或者商业服务应以方便乘客、提高服务质量为原则，保证客运服务质量不受影响。

2．服务管理

服务组织应制定相应的规章制度，监理服务质量管理体系。

服务人员上岗前应经过岗位培训，并取得上岗资格，在岗人员应掌握本岗位业务技能，胜任本职工作。

服务组织应定期进行服务的自我考核评价，可通过第三方独立进行服务评价；服务组织应根据评价结论不断改进服务。

3．服务质量

导乘服务中，车站的醒目位置应公布乘车常识和注意事项，必要时，应通过广播等方式向乘客宣传乘车常识和注意事项；车站出入口、售票处等的醒目处应公示本车站首末车时间，宜公布列车间隔时间、各车站运行时间等信息。

问询服务，应提供现场问询服务和远程问询服务。

特殊服务，对残障等乘客应提供必要的服务，协助其顺利乘车；当遇到乘客身体不适时，应提供必要的帮助或拨打救助电话。

应急服务应以保障乘客人身安全为首要目标，分别就运营事故、重大活动、政府管制、乘客伤亡、恶劣天气、事故灾难等影响城市轨道交通正常运营的突发事件制定应急服务预案，并适时启动。

服务用语，员工在对乘客服务时必须使用普通话，做到字正腔圆，吐字清晰，声调柔和；员工应努力提高自身外语水平，在对不使用汉语的乘客服务时，可以借助乘客服务区内指示牌等设施，完成服务目标；与乘客交谈或使用人工广播时，应随时注意保持对乘客的尊敬，聆听乘客发言时应不时微笑点头，表示对乘客意见的重视。交谈过程中应目视乘客，严禁边做手中的工作边和乘客交谈，严禁在与乘客交谈时心不在焉。言谈中多使用敬语，做到“十字文明服务用语”（您好、请、谢谢、对不起、再见）不离口。应根据本地区的特点提出服务忌语，对服务人员应进行防止使用忌语的培训。

服务行为应按规定着装，正确佩戴服务标志，坚守岗位，严格遵守规章制度；做到精神饱满、端庄大方、举止文明、动作规范。

服务承诺与监督，服务组织应向乘客作出服务承诺，并通过多种方式向乘客和社会公布服务承诺至少包括服务质量、服务行为、服务设施以及服务环境等方面。如某地铁向社会公布的服务承诺有：列车正点率为98%、列车运行图兑现率为99%、责任乘客投诉率为0.4（单位：件/百万人次）、乘客投诉回复率为100%（7天内回复）、乘客满意率为80%（服务满意的人数与接受服务的总人数的百分比）、自动售票机可靠程度为 98%、自动充值机可靠程度为98%、出入闸机可靠程度为99%、自动扶梯可靠程度为98%、垂直电梯可用程度为98%。

4．服务设施

各种设备、设施及临时导向标志要统一布置、摆放端正，保持清洁明亮；自制临时标志要版式正确，内容清晰，放置正确。

横幅、标语按要求在固定位置悬挂，必须平整、干净，不得有撕角或破损。

各种临时标志、宣传画、横幅、标语等车站公共区摆放物品按规定的审批手续审批后在规定位置和时间内按标准张贴、摆放，到期及时拆除。

所有告示必须有统一的格式，除紧急情况外不得手写，不得出现病句错别字和使用不规范文字。临时告示必须按规定位置张贴和摆放。

公共区宣传品应平整、美观、色泽鲜亮，不得有破损、卷边、褪色等现象，残旧内容应及时更换。

各种临时标志、宣传画、横幅、标语、告示等宣传品的规格制式参考相关规定。中英文标志标志应符合国家《城市轨道交通客运服务标志》（GB/T 18574—2008）的规定。

5．服务安全

安全服务设施应保持100%的可用性；火灾时供公众疏散使用的且平时需要关闭的疏散门，应确保在火灾时不需要任何器具易于手动迅速开启。

列车客室内应设置乘客手动报警或与司机或者车站控制室通话的装置，紧急情况下乘客可向司机或者车站控制室报警。

服务组织应向乘客进行安全宣传，定期组织应急疏散演习。

6．服务环境

地面、台阶及乘客候车椅子无痰迹、无垃圾、无尘土、无保洁用具/商铺物品等堆放物；站台屏蔽门、墙、柱、门、窗无痰迹、无印迹、无泥点、无黑灰；边、角、棱、沿无黑灰、无塌灰、无蛛网；垃圾箱周围不得有污迹杂物、箱体外部不得有污垢、箱内杂物不得超过箱口。

乘客服务区范围内保洁物品、商铺物品、备品备件等应堆放在指定区域。

票务中心、临时售票亭、票务管理室、车控室、站长室、站务室、会议室等房间内物品按规定摆放整齐，台面无杂物（包括水杯、饮料瓶、抹布等）、积尘，亭壁、玻璃干净无污渍、无油渍、无胶渍、无不标准张贴物等。

车站管理区域内无乱停车辆、无摆卖摊贩、无乞讨卖艺等闲杂人聚集。

各出入口 5 米范围内必须保持整洁，地面、墙壁及玻璃等处无乱张贴、涂写现象，无杂物堵塞通道。

出入口及公共区扶梯表面干净整洁，扶手带、挡板无灰尘，梯级上无垃圾杂物。

列车环境卫生标准参考车站卫生标准。

三、乘客服务企业标准

企业标准根据性质不同可分为工作标准（如岗位职责、作业流程等）、作业标准（如售票作业标准、接发列车作业标准等）、管理标准（如管理制度、票务政策等），根据标准规定的对象不同又可分为硬件标准（如设备设施应达到的可靠度等）、软件标准（如支持设备的软件系统版本等）、人员服务标准（如仪容仪表、语言行为等）。

某地铁公司的乘客服务标准由通用服务标准、各岗位服务标准、乘客事务处理标准、公共区违章行为处理标准及应急状态下服务标准五部分内容，主要包括内容如下。

1．通用服务标准

通用服务标准包括服务思想标准（服务理念、服务承诺、服务方针、服务行为）、员工道德标准、服务态度标准、员工形体标准、员工着装标准、服务语言标准、员工个人卫生标准、环境卫生标准、服务设施标准等。

2．各岗位服务标准

各岗位服务标准包括站务员三个岗位的服务要求、服务技巧及服务标准用语，值班员岗位的服务要求及值班站长岗位要求，乘务人员的岗位要求、服务热线工作人员的基本职责、维修人员的基本职责、保安的工作要求、保洁人员的基本职责及服务要求、服务人员的工作要求等。

3. 乘客事务处理标准

乘客事务处理标准包括乘客事务处理原则及要求、乘客事务处理程序、乘客遗失品的处理制度等。

4. 公共区违章行为处理标准

公共区违章行为处理标准包括违反相关规定的处理标准及违法行为的处理标准。

5. 应急状态下服务标准

应急状态下服务标准主要规定了应急状态的服务票务要求。

课后思考

国家标准、行业标准及企业标准有什么区别？分别举例说明。

任务三　客运服务质量评价

学习目标

1. 掌握服务评价包括的内容、指标；
2. 掌握服务质量测评的方法；
3. 掌握制定服务改进措施的方法。

学习任务

通过设计问卷调查理解服务质量测评的方法和效果。

教学环境

多媒体教室或者客服演练室。

理论模块

一、客运服务及其特点

服务是为满足顾客需要，供方和顾客之间接触的活动以及供方内部活动所产生的结果。城市轨道交通客运服务是指为使用城市轨道交通出行的乘客提供服务时，客运服务人员与乘客之间的接触活动以及轨道交通系统内部的活动所产生的结果。

城市轨道交通服务具备服务的共有特性，即无形性、个性化、实时性及易变性， 还有自己独特的性质，即相关性、稳定性、单一性、先进性等。

相关性是指轨道交通服务的因素之间是相互影响、相互制约的，某一因素的变化会带动其他因素的相应变化，形成新的服务环境。稳定性主要是指基础设施的相对稳定性，无论客流量多少、盈利状况如何，城市轨道交通作为公益性企业都必须经营，而且还要保持一定的服务水平。单一性是指消费地点只能固定在一个城市及其周边的较窄的范围内。先进性是指城市轨道交通系统多采用当今世界上最先进的自动控制系统，设备和设施与其他公共交通企业相比，有着无法比拟的优势。

二、服务质量评价的内容及指标

城市轨道交通企业应建立内容服务监督制度，将服务评价纳入日常工作的评价、考核体系。对外，应接受社会对服务的监督，设置服务监督机构，公布服务监督电话和服务监督机构的通信地址。对内应定期进行自我服务评价，每年自我评价次数应不少于一次，评价结果应在车站公示栏内公示，并向社会公布；同时应定期委托第三方进行评价，评价结果应在车站公示栏内公示，并向社会公布，对不合格的服务项目应进行改进，对改进结果记录存档。

服务评价一般包括服务质量评价、服务设施评价、乘客评价等内容，每一类评价通常需要设置合理的指标。

1. 服务质量评价指标

服务质量评价指标主要是指列车正点率和列车运行图兑现率。列车正点率是准点列车数与全部开行列车数之比，用以表示运营列车按规定时间准点运行的程度。计算公式如下：

$$准点率=\frac{准点列车次数}{全部开行列车次数}\times 100\%$$

列车运行图兑现率是实际开行列车数与运行图定开行列车之比。实际开行的列车中不包括临时加开的列车数。计算公式如下：

$$列车运行图兑现率=\frac{实际开行列车数}{运行图图定开行列车数}\times 100\%$$

2. 服务设施评价指标

服务设施评价指标主要指售检票设备可靠度、自动扶梯可靠度、垂直电梯可靠度、乘客信息系统可靠度。可靠度是指设备设施实际服务时间与售检票设备应服务时间的百分比，计算公式如下：

$$设备设施可靠度=\frac{设备设施实际服务时间}{设备设施应服务时间}\times 100\%$$

3. 乘客评价指标

乘客评价指标主要是指有责乘客投诉率和有效乘客投诉回复率。有责乘客投诉率是统计周期内有责乘客投诉次数与客运量的百分比计算公式如下：

$$有责乘客投诉率=\frac{有责乘客投诉次数}{客运量}\times 100\%$$

有责乘客投诉回复率是指回复的有责乘客投诉次数与有责乘客投诉次数的百分比，计算公式如下：

$$有责乘客投诉回复率=\frac{已回复的有责乘客投诉次数}{有责乘客投诉次数}\times 100\%$$

技术模块

一、服务质量测评方法

服务质量测评是指用定性或定量的方法，了解顾客对服务的期望，并将其与已提供的服务水平进行比较，找出其中的差距，为进一步提高服务质量奠定基础。根据服务质量测评的主体不同，服务量测评一般有城市轨道交通企业自我评价、乘客评价及第三方评价。

城市轨道交通企业进行的服务质量测评属于行业或企业内容管理性测评，主要依据企业制定的服务质量标准，对提供的服务进行定期或不定期检查来实现测评。乘客进行的服务质量测评属于行业或企业外部管理性测评，是企业组织乘客对服务服务质量的测评，乘客一般通过对整个服务过程和结果的感知与期望的比较来实现的测评。第三方评价是指社会上一个中立专业评价机构，站在乘客和企业两者的第三方来客观、公正的对其服务质量进行测评，得出结论的评价活动；它既不受企业方条例的约束，也不受乘客方主观意识的左右，故得出的结论较为真实、客观。其基本流程见图 7-2。

服务质量测评的客体是构成客运服务质量的全部内容和作业环节。服务质量测评通常采用乘客满意度测评的方法，来计算乘客满意度指数。

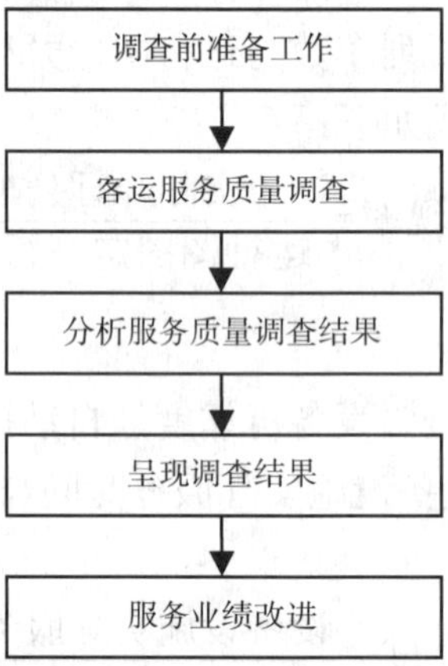

图 7-2　第三方服务质量评价流程图

2. 乘客满意度测评

乘客满意度是指乘客通过对城轨服务的感知效果（结果）与其期望相比较后所形成的愉悦或失望的感觉状态。乘客满意度测评是指通过抽样调查、收集和统计分析来获得乘客感知与需求信息，采取科学的计算方法来衡量乘客需求与城轨提供服务之间的差异。乘客满意度测评是目前评价服务质量的一种应用广泛的方法，通过乘客对服务质量的感知对服务质量进行评价，是一种站在乘客角度实施评价的测评方法，对实现城市轨道交通“以人为本”的服务理念有着重要的意义。

（1）乘客满意度测评的内容

乘客满意度测评的内容应该包括地铁系统内的设备设施、人员服务、环境卫生、安全保障、信息宣传及商业环境等。

（2）乘客满意度测评的步骤

① 确定测评的指标

乘客满意度评价指标的建立应该从乘客的需求出发，确定对乘客评价影响较大的指标及其权重。

测评指标应包括导向指引、整洁舒适、准时快捷、安全保障、票务服务、设备和设施、人员服务、信息宣传和商业环境九大方面。

② 确定指标的权重

每项指标在测评体系中的重要性不同，需要赋予不同的权数，即加权。加权方法除了主观赋权法以外，有直接比较法、对偶比较法、德尔菲法、层次分析法，企业可以依据测评人员的经验和专业知识选择适用的方法。

③ 确定测评的对象

根据调查的目的，在进行满意度测评时候，应该先确定要调查的乘客群体，以便针对性地设计问卷。一般来说，可以对乘客按照社会人口特征（如性别、年龄、文化程度、职业、居住地等）、消费行为特征（即心理和行为特征）、购买经历来分类。

④ 抽样设计及问卷设计

按照已经建立的乘客满意度测评指标体系展开，成为问卷上的问题，问卷设计是测评的关键。

针对城市轨道交通运输的客运服务特点，问卷调查表的设计可分为车站调查问卷和列车调查问卷，采用结构化设计，包括封闭式问题和开放式问题，通过现场发放问卷并回收的方式收集乘客对城市轨道交通客运服务的评价信息。

由于问卷设计是整个测评工作关键的环节，其特点是充分针对评价指标，真实反馈乘客信息，为模型计算、统计分析提供第一手的数据和资料，测评结果是否准确、有效，很大程度上取决于此。

⑤ 实施调查及数据整理

乘客调查的目的在于通过抽样调查获取真正反映乘客感受和期望的数据，以图示或表格的方式来直观表示出整理的数据。

⑥ 计算乘客满意度指数

采用加权平均的方法计算乘客满意度指数。

⑦ 撰写测评报告

案例模块

以铁路旅客满意度测评为实例学习如何进行城市轨道交通乘客满意度测评。

一、评价指标体系的构建

1．一级和二级评价指标

在查阅国内外相关文献资料和前期研究的基础上，结合我国铁路旅客服务的实际状况和服务流程等方面，构建出旅客评价指标体系。指标体系分为三个层次，铁路旅客满意度为总的测评指标，同时根据旅客评价满意度的含义及客运服务的特点设计了 3 个一级指标，即服务基本环境、服务人员素质和服务补救水平。再将一级指标进一步展开构成可以直接测量的二级指标共 13 个，即设施齐全、环境整洁，购票方式和等候时间，出行的经济性，出行的安全性，列车运行正点，站车服务项目，仪容举止，服务意识，服务技能，重视旅客抱怨投诉，耐心解释、真诚道歉，合理经济补偿，服务系统改善等。这些指标将转化为旅客满意度调查问卷中的具体选项对旅客进行调查，如图 7-3 所示。

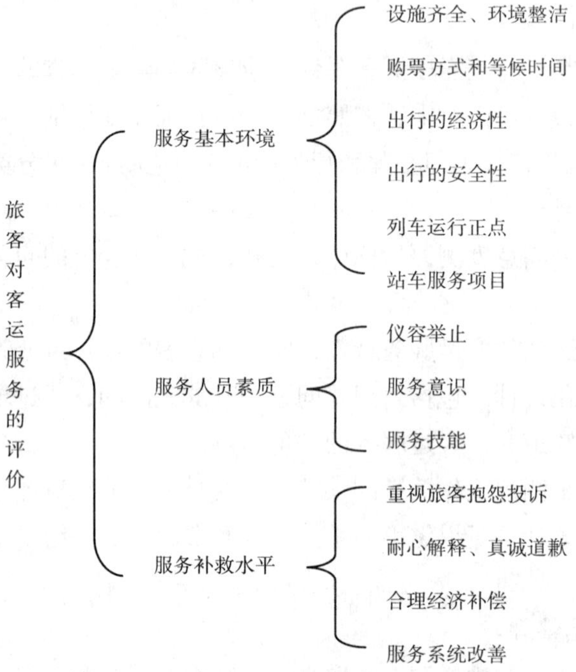

图 7-3　旅客评价客运服务的二级指标体系

2．三级评价指标的构建

将二级指标继续展开，形成旅客评级客运服务的 50 个三级指标，见表 7-1。

表 7-1　旅客评价客运服务的三级指标体系

二级指标	三级指标
设施齐全、环境整洁	站车设施是否齐全和满足出行需要
	站容车容的卫生整洁
	环境的舒适性

续表

二级指标	三级指标
购票方式和等候时间	站内和其他（电话、网络、代售）售票方式是否方便
	售票信息发布提供及时准确
	列车种类的选择是否满足乘客需求
	购票成功的等候时间
	春节、五一、十一期间购票难易程度
出行的经济性	和其他运输方式比较票价合理
	列车运行速度满足出行要求
	站车商品销售价格合理
	春运其他运输方式票价上浮的出行影响
出行的安全性	站车乘降组织是否有序
	安全提示和安全检查是否到位
	列车运行的事故发生率
	人身和财产的事故发生率
列车运行正点	列车出发时刻正点
	列车到达时刻正点
	列车运行时刻正点
站车服务项目	基本满足型服务项目的提供（如问询处、厕所设置等）
	其他型服务项目的提供（如茶座、站车文化活动等）
仪容举止	仪容大方，态度热情
	行为举止自然高雅
	服务用语礼貌规范
服务意识	能坚持旅客至上
	明确自己对于旅客是服务者
	能够预期旅客的旅行需求
	能主动发现旅客困难并加以解决
服务技能	能持之以恒提供服务
	服务作业标准
	服务程序规范
	心理状态健康
重视旅客抱怨投诉	认真倾听旅客的意见和要求，不无端指责旅客要求过高
	能代表铁路而不是服务人员个人接受旅客意见
	不回避铁路的服务承诺与责任
	及时受理并尽快回复
	给予旅客足够的时间
耐心解释、真诚道歉	为旅客解释铁路客运服务的相关规定和政策
	承认目前服务中存在的问题
	对自身错误行为进行及时真诚道歉使其感到满意
	对旅客自身过高要求耐心解释，使其感到愧疚

续表

二级指标	三级指标
合理经济补偿	因铁路自身的失误能对旅客进行有法规依据的合理补偿
	经济补偿标准明确
	经济补偿的程序简单明了
	经济补偿能够及时实现
服务系统改善	同类问题不再出现
	更加重视旅客需求并能设法满足
	能做出新的服务承诺
	服务标准得到改善更加合理
	对于经常出现的问题，铁路会改善自己的内部服务系统

二、调查问卷的设计

1．设计的原则与思路

（1）在问卷设计上要尊重旅客，要体现出调查客观性和科学性。

（2）由于第三级指标多达 50 个，而且旅客在站车环境下，出行时间较紧迫，心情比较焦急，选用第三级指标来设计问卷很容易出现旅客不能准确做完多达 50 个问题的回答，而且拒绝接受调查的比例较高。在正式调查前的预调查中，按照第三级 50 个指标设计的问卷旅客同意接受调查的比例只有被问询数的 1/5 不到，不能全面反映旅客评价。所以问卷根据二级评价指标来设计，通过旅客对第三级评价指标的阅读，根据自己的实际感受做出对二级指标问题的选择。

（3）对三级指标的研究主要通过调查人员对旅客的访谈和参考其他部门和学者的已有研究成果来实现。

（4）旅客没有经历过的指标，采用情景模拟实验法对旅客进行调查。

为了使被访者更主动融入调查的情景，以保证答案的效度，将旅客自己即将乘坐的车次的内容纳入问卷中的情景设计中。

（5）为了减少甚至避免被访旅客在回答问卷时可能出现的偏差，本次调查以某某机构研究的名义进行，以确保旅客的中立性。

（6）由于调查选择在铁路车站和列车范围内进行，旅客在回答问卷时有时间上的限制，不能占用旅客太多时间，所以问卷设计采用封闭式问题又称选择式问题形式，便于调查和计算机数据处理。

（7）问卷的标度方法。调查问卷采用 Likert 标度法，应答的标度分成五级。

一般认为分级愈多，要求调查对象的分辨能力愈强，而且分级的数量常常与信度有关。例如，分级数量在 7 至 10 时，信度减少得很少；分级数量为 5 时，信度减少 12%；分级数量为 2 时（是/否应答），信度减少 35%。标准的 5 分级 Likert 标度法具有易于操作，相比较（是/否）应答更为敏感，以及信度损失并不明显等优点。在研究中，我们根据铁路旅客群的分布特点，在问卷中把应答选项分为 “很满意、满意、基本满意、不满意、很不满意”。

2．问卷的形式

根据旅客评价的指标体系和以上问卷设计的原则和思路，我们设计出如下问卷，见表 7-2。

表 7-2　铁路旅客运输服务状况问卷调查表

尊敬的旅客，为了更好地测评铁路旅客服务水平，能在以后为您提供更优质的服务，我们真诚地邀请您参加本次问卷调查，对您的回答和相关资料严格保密，并真诚地感谢您的参与。

1．您的年龄是：

□≥50 岁；　□36～49 岁；　□35 岁

2．您的月收入情况：

□≥3000 元；　□1501～2999 元；　□≤1500 元

3．您对铁路车站、列车的环境和设施是否满意？

□很满意；　□满意；　□基本满意；　□不满意；　□很不满意

4．您在购买车票时对可供选择的购票方式和等待时间的长短是否满意？

□很满意；　□满意；　□基本满意；　□不满意；　□很不满意

5．和其他运输形式比较，您对选择铁路出行的经济性是否满意？

□很满意；　□满意；　□基本满意；　□不满意；　□很不满意

6．您对铁路所提供的人身、财产的安全保障是否满意？

□很满意；　□满意；　□基本满意；　□不满意；　□很不满意

7．您对每次出行所乘列车的运行正点率是否满意？

□很满意；　□满意；　□基本满意；　□不满意；　□很不满意

8．铁路给您出行提供的服务项目种类是否让你满意？

□很满意；　□满意；　□基本满意；　□不满意；　□很不满意

9．当您乘坐火车时，车站、列车服务人员的仪容举止是否让您满意？

□很满意；　□满意；　□基本满意；　□不满意；　□很不满意

10．您对铁路客运服务部门和服务人员的服务意识是否满意？

很满意；　□满意；　□基本满意；　□不满意；　□很不满意

11．您对服务人员的服务技能水平是否满意？

□很满意；　□满意；　□基本满意；　□不满意；　□很不满意

12．铁路客运服务部门和人员对您和其他旅客的抱怨和投诉的重视程度是否每次都让您满意？

□很满意；　□满意；　□基本满意；　□不满意；　□很不满意

13．当您和其他旅客进行抱怨或者投诉后，铁路的解释和道歉是否每次都让您满意？

□很满意；　□满意；　□基本满意；　□不满意；　□很不满意

14．当您或者假设您因为铁路原因遭受精神或者经济损失后，如果您提出经济赔偿，铁路解决这个问题的态度和措施是否每次都能让您满意？

□很满意；　□满意；　□基本满意；　□不满意；　□很不满意

15．当您和其他旅客向铁路进行抱怨或投诉后，铁路对自己服务系统的改善程度是否能让您觉得满意？

□很满意；　□满意；　□基本满意；　□不满意；　□很不满意

16．您对铁路最不满意的环节是：

17．您对铁路最满意的环节是：

如果您希望得到本次调查的结果，请你留下您的通信方式，我们将在调查结束后及时通知您。最后祝您旅途愉快，合家欢乐。

姓名：　　　　　　　　　　电话：

通信地址：

某某机构课题组

年　月　日

三、旅客评价的量化处理

1．测评标度等级的换算

旅客对客运服务评价为满意或者不满意都是针对某特定时间的特定服务事件而言的，满意与不满意程度的区分，决定了旅客满意等级。在满意度计算中，将很满意、满意、一般满意、不满意、很不满意等五个等级换算成分数，如表 7-3 所示。

表 7-3 旅客满意度测评等级评分表

等 级	很满意	满意	基本满意	不满意	很不满意
分 数	5	4	3	2	1

2．权重的确定

各项指标的权重也是通过在预调查中由旅客对其相对重要性打分，再结合铁路客运服务部门对指标重要性的判断进行修正而最终确定的。这种从旅客自身角度出发为主来确定权重的方法，克服了目前旅客满意度调查中评价指标多由专家或调查方自己制定，很难真实地反映旅客的真实需求和期望的弊端，真正体现了“以旅客为中心”的服务理念，使得调查结果更真实地反映旅客的心理需求和期望。

3．数学量化分析

对旅客满意度进行数学量化分析的方法一般有：直接计算法、百分比法和加权平均法等。

本研究选择常用的加权平均法，公式如下：

$$\mathrm{CSI}=\sum\lambda_j S_j$$

式中 CSI——旅客满意度指数；

λ_j——第 j 项指标的加权系数，是该项指标在所有指标中所占的比重，$0\leqslant\lambda_j\leqslant1$，$\sum\lambda_j=1$；

S_j——第 j 项旅客满意度值，通过将收集的用户满意度数据统计汇总计算后得出。

经统计分析得出每一指标项的平均得分，再将各指标的分值加权求和，即可得出所调查的铁路旅客满意度的最终得分。

4．旅客评价区域的确定

在旅客评价区域的确定中，参考国际对于满意度调查的惯例，结合铁路客运服务自身的特点，我们对旅客评价满意度值的计算结果区域进行如下确定：

满意度分值在 0～1.49 区间，表示旅客评价很不满意。

满意度分值在 1.5～2.49 区间，表示旅客评价不满意。

满意度分值在 2.5～3.49 区间，表示旅客评价基本满意。

满意度分值在 3.5～4.49 区间，表示旅客评价满意。

满意度分值在 4.5～5.00 区间，表示旅客评价很满意。

四、旅客满意度调查的实施

本次旅客满意度调查在2005年7～8月期间结合某学院的暑期社会实践活动，由该院部分同学进行了“某铁路单位旅客运输服务状况评价”的问卷调查。

本次调查立足旅客感受，以旅客作为主要调查对象，涉及九个城市的铁路客运车站，包括了特快旅客列车、快速旅客列车、普通旅客列车等种类。

为保证调查问卷和结果的合理性和代表性，在本次问卷调查正式进行前，组织学生于2005年6月在某主要客运站进行了预调查，根据预调查的情况，改进了问卷的设计，并针对学生在调查中出现的问题，进行了专门的旅客调查培训。同时在调查时组织学生分别深入到铁路的硬软席候车室、车站广场和列车车厢，并注意不同层次、不同收入和不同工作性质的旅客分布。调查有较广泛的代表性，较客观地反映了当前该单位铁路客运服务旅客满意度的现状。

在调查中要求调查人员采用不记名方式和对回答的问题保密，在询问时保持客观和中立，不诱导旅客。

本次旅客问卷调查采用现场发放问卷并收回的方法，共收回问卷843份，其中有效问卷816份。

五、旅客满意度调查数据的统计与计算

1. 数据的统计

（1）被调查旅客基本情况

年龄段分布情况：

≤35岁　397人占48.4%；

36～49岁　248人占30.8%；

≥50岁　171人占21%。

月收入分布情况：

≥3000元　188人占23.1%；

1501～2999元　356人占43.6%；

≤1500元　272人占33.3%。

（2）调查数据汇总计算

对调查原始数据的统计见表7-4。

表7-4　调查原始数据统计表

序　号	指标名称	很满意	满意	基本满意	不满意	很不满意	总得分
1	设施齐全、环境整洁	163	396	152	68	37	3028
2	购票方式和等候时间	31	252	334	121	78	2485
3	出行的经济性	92	387	149	67	21	3110
4	出行的安全性	282	364	107	49	14	3299
5	列车运行正点	24	105	230	341	116	2028
6	站车服务项目	102	309	245	85	15	2966

续表

序　　号	指标名称	很满意	满意	基本满意	不满意	很不满意	总得分
7	仪容举止	218	422	124	47	5	3249
8	服务意识	101	257	279	133	46	2682
9	服务技能	117	255	287	108	49	2731
10	重视旅客抱怨投诉	62	386	218	109	41	2767
11	耐心解释、真诚道歉	86	329	249	110	42	2755
12	合理经济补偿	13	5	49	240	512	1215
13	服务系统改善	43	215	337	144	77	2415

2. 旅客满意度计算

（1）计算二级指标满意度

对二级指标满意度值的计算结果见表 7-5。

表 7-5　二级指标满意度计算

序　　号	指标名称	权　　重	总的分	人　　数	满意度值
1	设施齐全、环境整洁	0.1	3028	816	3.71
2	购票方式和等候时间	0.3	2485	816	3.05
3	出行的经济性	0.2	3110	816	3.81
4	出行的安全性	0.1	3299	816	4.04
5	列车运行正点	0.2	2028	816	2.49
6	站车服务项目	0.1	2966	816	3.63
7	仪容举止	0.2	3249	816	3.98
8	服务意识	0.4	2682	816	3.29
9	服务技能	0.4	2731	816	3.35
10	重视旅客抱怨投诉	0.3	2767	816	3.39
11	耐心解释、真诚道歉	0.1	2755	816	3.38
12	合理经济补偿	0.4	1215	816	1.49
13	服务系统改善	0.2	2415	816	3.40

（2）计算一级指标满意度值

① 服务基本环境满意度值：

$$3.77\times0.1+3.05\times0.3+3.81\times0.2+4.04\times0.1+2.49\times0.2+3.63\times0.1=3.31$$

② 服务人员素质满意度值

$$3.98\times0.2+3.29\times0.4+3.35\times0.4=3.45$$

③ 服务补救水平满意度值

$$3.39\times0.3+3.38\times0.2+1.49\times0.3+3.00\times0.2=2.74$$

（3）旅客满意度值

$$3.31\times0.4+3.45\times0.4+2.74\times0.2=3.25$$

（4）信度检验

经统计此调查问卷 13 个题项总的 Cronbachα 信度系数为 0.8241，故可认为此问卷具有很高的内部一致性。

六、对铁路旅客满意度测评进行分析和撰写报告

通过对铁路客运服务旅客满意度的测量，我们可以分析出铁路目前提供的客运服务水平与旅客实际需求水平的差异，并可以进一步找出产生原因和设计补救措施。

在统计分析中，根据服务合理区的定义，我们把分值在2.5～4.49之间的评价指标分值确定为服务合理区的区域，再结合旅客访谈进行研究。

1. 铁路作为我国主要的旅客运输方式之一，由于近年来的投入加大，在乘坐环境的硬件设施、旅客运输的经济性、安全性、提供的服务种类、人员的仪容举止上得到旅客的较高认可，其得分在评分中值3.50以上，旅客评价满意。

2. 低于服务合理区的主要有列车运行正点、合理经济补偿两个指标，得分分别只有2.49和1.49，后者已经处于很不满意区域。另外购票方式和等候时间、重视旅客抱怨投诉和之后的服务系统改善等指标，旅客评价处于基本满意区域，接近服务合理区的下限，同样值得铁路高度重视。

3. 在三个一级指标中，服务人员素质得分最高，而服务补救水平最低，这要求铁路切实有效地重视自己的服务缺失，加强服务补救，努力提高自己的补救水平。

4. 在研究中我们发现，个别指标的分值偏低受到某些特定因素的影响较大。例如购票方式和等候时间，在问卷调查中，调查者在某站特意选择了10位从进入售票厅开始计时，在20分钟内买到票的旅客进行抽样，结果发现对此项的评价仍然较低。从访谈中发现，春运、五一和十一黄金周的购票难、出行难对旅客造成的心理影响相当大，从而影响了对整个指标的评价。

6. 旅客对列车运行正点的评价处在不满意区域，抱怨甚多。这和铁路总公司对社会公众公布的列车正点率普遍存在很大反差，其原因在于铁路统计运行正点的方法和旅客评价运行正点的方法不一致造成。

实操模块

[实训任务] 对某一车站的乘客进行满意度测评。
[实训目的] 掌握乘客满意度测评的流程及方法。
[实训要求] 分小组在不同的车站进行满意度测评。
[实训环境] 车站及多媒体教室。
[实训指导] 指导学生设计问卷调查表及数据的统计与分析。
[实训考评] 问卷调查表的设计、满意度测评指数的计算及撰写的测评报告。

课后思考

1. 乘客服务评价包括哪些内容，对应的评价指标是什么？
2. 叙述乘客满意度测评的步骤。

项目八　城市轨道交通车站客运服务技巧

项目描述

本项目通过介绍城市轨道交通车站站务员岗位客运服务要求来学习站务员各岗位在不同的作业流程中的服务技巧，要求在实际的服务中会运用服务技巧。

任务一　站务人员各岗位客运服务要求

学习目标

1. 掌握站务员各岗位的服务要求；
2. 掌握站务员各岗位的服务标准用语。

学习任务

通过服务要求及服务标准用语的训练达到能在实际的服务中运用。

教学环境

客服演练室。

理论模块

一、站务员岗位服务要求

（一）服务要求

1．厅巡岗

厅巡岗人员要多看，多听，多巡，多引导。多看是指看有无异常情况，看有无需要帮助的情况和需要处理的设备故障；多听是指多听乘客对我们服务的意见、建议；多巡是指多走动、巡视了解站厅客流情况，留意乘客动态；多引导是指引导乘客到临时票亭及乘客较少的一端购票乘车。

当多名乘客同时求助时，巡视岗人员根据实际情况分轻重缓急依次处理，必要时报告车控室，不得对乘客不理不睬；当受到乘客的责骂、殴打时应做到“打不还手、骂不还口”，同时注意自我保护，若乘客行为危及员工人身安全，及时报警处理；对于能解决的问题要及时，果断处理，避免处理时间过长引起乘客不满，不能处理的问题应及时通知值班站长。

高峰期巡视岗人员巡视站厅时应统一配手提广播上岗，在客流引导时声音不宜过大，吐词清晰，积极主动，不得拿广播对着乘客喊话，使用广播录音功能时，不得过于频繁的播放录音。

巡视岗人员要及时提醒车控室查看 AFC 设备中的钱箱、票箱情况，以便在乘客较少时及时更换；当客服中心 BOM 出现故障或封窗查账时，及时引导乘客到其他客服中心或自动售票机购票，如图 8-1 所示。

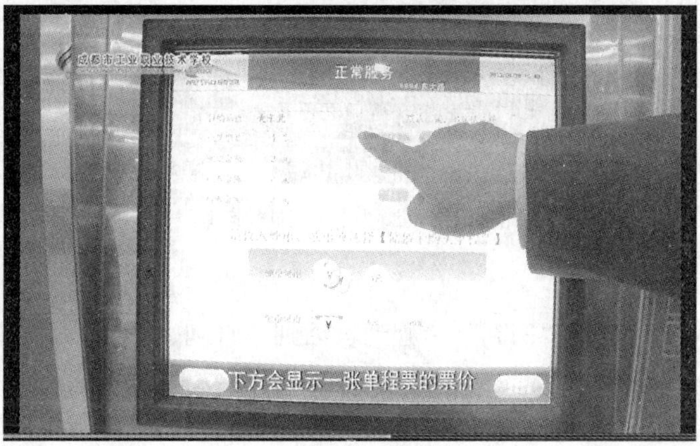

图 8-1　厅巡引导乘客使用 TVM 购票

2．售票岗

客服中心工作人员应主动领够车票、报表和硬币，在客流较小时把现金及硬币整理好，或开启另一袋硬币等准备工作；出售车票或充值时应按“一收、二唱、三操作、四找零”的程序，售票作业程序见表 8-1。

表 8-1　售票作业程序

步　骤	程　序	内　容
1	收	问清乘客的购票或充值需求（要求的购票张数和车票类型或充值的金额），收取乘客购票的票款
2	唱	讲出票款金额，复述乘客的需求，如未听清乘客的要求，应主动礼貌地询问
3	操作	正确、迅速地操作：检验钞票真伪，如钞票为伪钞，则要求乘客重新更换钞票；请充值的乘客确认储值票的余额；在半自动售票机上选择相应功能键，出售车票或充值
4	找零	请乘客确认发售的车票及充好的储值票，清楚说出找赎金额、充值金额及车票张数，将车票和找赎的零钱一起礼貌地交给乘客

当乘客要求分析车票时，应快速正确用半自动售票机分析，并将分析情况耐心告诉乘客，再采取相应的处理车票的方法；为乘客兑零时，硬币应垒成柱状交给乘客，不得散放，不得有丢、抛等动作；如同时有两位以上的乘客等候服务时，如无特殊情况，按照先付费区后非付费区的原则为乘客服务，如图 8-2 所示。

当客服中心前出现较大客流（排队超过规定的人数且持续数分钟以上）应电话通知值班站长或巡视岗，加派人手或使用人工广播引导。

交接班时，接班售票员须提前做好售票、兑零准备工作，交班售票员才可以终止售票、兑零工作，交接时间不超过5分钟，并尽可能减少对乘客服务的影响。

图 8-2　售票岗为非付费区乘客服务

3. 站台岗

站台岗工作人员应做到“四到”（心到、话到、眼到、手到）、“四多”（多监控、多广播、多联系、多巡视）、“三及时”（及时寻找、及时联系、及时引导）。

心到是指精神保持高度集中，随时应变异常；话到是指要随时提醒乘客按排队箭头候车，及时进行安全广播；眼到是指要密切监控 CCTV，注意乘客动态、屏蔽门工作状况；手到是指遇到问题要主动处理，如发现地面有水，及时设置“小心地滑”牌、设备故障放“暂停服务牌”、地面有脏物时及时找保洁工清除等。

多监控是指密切监督站台乘客情况、屏蔽门工作状况，必要时采取控制措施；多广播是指通过广播提醒乘客看管物品、看好小孩、不得跑闹追逐、不得推挤屏蔽门；多联系是指发现异常情况及时与司机、车控室及其他岗位联系；多巡视是指在每次列车到达间隙巡视站台一遍，巡视时“三步一回头”。

及时寻找是指在站台发现乘客伤亡事件或其他异常情况时，及时寻找目击证人并记录；及时联系是指遇蛮横不讲理的乘客及时与公安联系，不与乘客发生正面冲突；及时引导是指当站台客流不均匀时，及时引导乘客到人少的端上车，防止乘客拥挤。

（二）服务标准用语

1. 巡视岗

要求乘客排队购票（高峰期）：“各位乘客，请按秩序排队购票，谢谢合作!”

需要更换票箱、钱箱或故障维修时：“××，对不起，这台设备暂停使用，请您稍等，或请使用其他设备，谢谢”。

指引乘客购票：“请持有1元硬币、5元、10元纸币的乘客直接到自动售票机上购票，需兑换硬币的乘客请直接到车站客服中心。”

请乘客到站厅人较少的一端购票：“各位乘客，本站另一端站厅乘客较少，为了节省您的时间，请到另一端站厅购票。”

某一方向列车服务终止："各位乘客请注意，开往××方向的列车服务已经终止，请乘客停止购票进站，不便之处，敬请原谅。"

有乘客走近时，主动询问："您好，请问有什么需要帮助吗？"或"您好，请问我能为您做点什么？"

对于准备乘坐电扶梯的小孩和老人等不宜乘坐电梯的乘客："您好，为了您的安全，请走楼梯。"

当有乘客在站内吸烟时："您好，请不要在站内吸烟，谢谢合作。"

当发现乘客携带"三品"进站时："对不起，根据规定，您不能携带××（物品名称）乘坐地铁，多谢合作。"

2. 售票岗

乘客需要兑换硬币时，要清晰唱票："收您××元"、"找您××元。"硬币应垒成柱状交给乘客，不得散放，不得有丢、抛等动作。

当找不开零钱时："××（称谓），请问您有零钱吗？"或者说："对不起，我这里的零钱刚好不够，请您稍等，好吗？"

收到残币或假币时，应说："××（称谓），对不起，请您换一张钞票，好吗？"

出售储值票时："××（称谓），请确认面值。"乘客确认无误后，"××（称谓），找回您××元及一张××元的车票。"

乘客想购买双程票："××（称谓），对不起，地铁车站没有双程票出售，单程票只能在购票的车站当日使用。"

乘客询问一卡通能否多人同时使用："××，对不起，一张一卡通仅限1个人使用，不能多人同时使用。"

乘客出站时发现出不了站(超程或超时)："××（称谓），您好，您的车票已超程/超时，请按规定补交超程超时车费×元。"

对于需要等待不能马上提供服务的乘客，应说："××（称谓），对不起，请稍等片刻"

当乘客询问小孩是否有半票："××（称谓），您好，按照地铁规定，如果小孩没有超过1.2米，一位成年人只可以免费携带一名小孩乘坐地铁。"

乘客问在哪购票："如果您需要买单程票，请准备零钱或在此兑换零钱，然后到自动售票机处购买。"

乘客询问地铁××站的票价："××（称谓），您好，您到××站的票价为×元。"

收到乘客一张过期单程票："××（称谓），单程票只能当天并在购票站乘坐地铁使用；您的车票已经过期，按规定这张车票需回收，假如您需要搭乘地铁，请您重新购买一张车票，好吗？"

3. 站台岗

列车进站前及进站时："各位乘客，列车（即将）进站，为了您和他人的安全，请按秩序排队候车，多谢合作！""各位乘客，列车（即将）进站，为了您的安全，请勿倚靠屏蔽门，多谢合作！"

当列车到站停稳后："各位乘客请注意，请小心列车与站台的空隙，先下后上，多谢合作！"

列车将要关车门时："各位乘客，车门即将关闭，没有上车的乘客请您耐心等候下一趟车，多谢合作！"

乘客携带违禁品进站乘车时："××（称谓），您好，为了您和他人的安全，请不要携带××（物品名称）乘车，多谢合作！"

小孩在站台上追逐奔跑，打闹时："××（称谓），您好，由于地面很滑，容易摔倒，请家长（您）带好您的小孩，不要在站台追逐、奔跑、打闹。"

有乘客走近时，主动询问："××（称谓），您好，请问有什么需要我帮助吗？"或"××（称谓），您好，请问我能为您做点什么？"

对于上站厅的小孩和老人："××（称谓），您好，为了您的安全，请走楼梯。"

列车服务终止时："各位乘客，今天的列车服务已经终止，请您尽快出站。"

乘客有物品掉下轨道时："××（称谓），您好，我们的工作人员将会尽快为您拾回物品，并及时与您联系，多谢合作！"

二、值班员岗位

（一）服务要求

1．行车值班员

（1）处理问题时，应站在公司的立场，遵循公司的方针、政策，公平、公正、合理、及时处理有关乘客问题。

（2）车站出现大客流、乘客排长队现象时应积极采取措施，播放广播疏导客流，让乘客顺利购票和进出车站。

（3）当乘客通过车控室"对讲处"询问时，要礼貌、热情地向乘客解释。

2．客运值班员

（1）监控设备状况和客服中心情况，确保设备正常和售票处零钱、票、发票充足。

（2）应公平、公正、合理、及时处理有关乘客问题。

（3）在岗时，应站在公司的立场，遵循公司的方针、政策。

（4）大客流时及时积极采取措施，加开兑零窗口，安排员工疏导乘客。

（5）在大客流前做好准备工作，如提前配票、准备好充足钱、票、确保设备状态良好等。

（6）处理乘客事务时要3分钟内到达现场。

（二）值班员岗标准服务用语

1．行车值班员岗

（1）当有乘客走到对讲处时,立即询问："××，您好，请问有什么需要我帮助吗？"

（2）当回答完乘客问询后，说："请您慢走，再见！"

（3）当站台有乘客越过黄色安全线或倚靠屏蔽门时，使用人工广播（普通话）："各位乘客，为了您和他人的安全，请站在黄色安全线内排队候车，多谢合作！"、"各位乘客，为了您的安全，请勿倚靠屏蔽门，多谢合作！”

2．客运值班员岗

服务标准用语参照其他岗位的标准用语。

三、值班站长工作要求

（1）负责监控当班整体服务工作，巡视并检查当班员工在语言、形体、着装等方面是否符合服务标准，指正员工服务工作不足，确保本班服务质量。

（2）要在 3 分钟内赶到现场处理乘客问题，如接到通知后预计不能及时赶到，必须马上安排有能力处理的员工代理。

（3）根据车站客流特点，合理安排人手，利用 CCTV 及时了解票务中心排队情况，杜绝排长队现象。

（4）及时了解客服中心车票、报表、硬币等不足情况，并及时组织增补。

（5）在人手不够的情况下，值班站长应组织驻站维修人员、保洁人员协助引导（安排站务员参与售票或兑零）。

案例模块

因服务用语不标准引起乘客纠纷和投诉的案例

乘客投诉在××地铁，持城市一卡通无法出站，到客服中心进行问询，当班售票员正在接听内线电话，不耐烦地说了一句：“等一会儿”，乘客比较着急，用储值卡敲了敲窗口，售票员才放下电话，分析储值卡，经分析为进站码未录入，便对乘客说：“你从哪个站进的啊，进站时没刷卡，用现金补一下吧。”乘客提出了异议，情绪比较激动：“凭什么说我没刷卡，我倒要问问你，不刷卡怎么进站呢？”，当班售检票员态度生硬地回答：“我电脑上是尚未进站的记录，你就是要补票。”乘客感到非常气愤，进行了投诉。

（一）案例分析

1. 当班售票员未及时响应，为乘客提供票卡分析的服务，且耐心不足，服务态度欠佳，是促使乘客产生抱怨的根本原因。

2. 当班售票员未执行服务标准用语及运用服务技巧，属于工作失职的表现。

（二）处理指导

1. 当乘客到客服中心要求提供票务服务时，工作人员应保持良好的服务形象，如正在接听电话，应放下听筒，使用十字文明用语，面带微笑，为乘客提供服务。参考服务用语：您好，先生/女士，请问有什么可以帮助您。

2. 如由于乘客未正确使用城市一卡通造成无法正常进出站的情况，工作人员应告之正确的使用方法及注意事项，在语言组织上应采用委婉的方式。参考服务用语：由于刷卡速度较快，传感器没有检测到您的卡，所以无进站记录，请您告之我，您是在哪个车站进站的，我为您办理现金交费手费后即可正常出站。

3. 如乘客对于城市一卡通使用仍存在疑问时，应耐心地向乘客讲解，直至乘客明白，同时提醒乘客进出站时的注意事项，让乘客知道如何避免类似情况的发生。

课后思考题

1. 站台岗服务要求有哪些？
2. 售票岗服务要求有哪些？
3. 厅巡岗服务要求有哪些？

任务二　站务人员服务技巧

学习目标

（1）掌握站务人员的服务技巧。

学习任务

依据乘客乘坐地铁的流程，运用在不同环节的服务技巧。

教学环境

客服演练教室。

理论模块

城市轨道交通公司也是一个企业，顾客就是乘客。要想提高服务质量，在激烈的竞争中取胜，则要从服务着手，不断提高客服水平，在赢得广大乘客的信任与认可的同时，也就得到了社会的认可。要提高城市轨道交通服务质量，我们要从以下几方面做起。

一、提高服务意识

真正的服务是从心开始的，而且必须发自内心。如若不然，再多的培训、再深的理论和再好的激励都将无济于事。你能够解释有关服务的知识和原理，也能让人确信提供良好的服务是必需的，但这仍不足以对服务人员产生持久的影响，因为许多从事服务行业的人并不是真正用心去服务。他们总是抱怨：

“为什么要我去伺候别人?难道没有别的选择吗?”

“为什么我要受乘客的气?”

“为什么倒霉的事全让我碰上了?”

其实，所有这些想法都来自于一个问题，那就是：“为什么我一定要为别人服务?”

要提高我们的服务意识，首先就要改变这种错误观念，不要认为为别人服务是“为人服务，低人一等”。

全世界的人，都在为他人服务，谁也都在接受他人为己服务。例如，农民种地生产粮食是在为非农业人员服务；而工人制造拖拉机、收割机、电动机、汽车、三轮车、化肥、农药等也是在为农民服务。建筑行业筑路、架桥、盖楼是为别的行业需要者服务。纺织业、服装业、农业、钢铁工业、水泥、建筑、装饰材料等各行各业也在为他们服务。

因此，服务是相互的，没有高低贵贱之分，“为人服务，低人一等”的认识是错误的，我们应该重新认识“服务”，重新认识服务工作，在工作中应认真对待每一位乘客，认真做好每一件事，把每一项细小的工作都当成是对自己的考验。

其实，车站服务工作可以造就我们，锻炼我们，使我们了解人、掌握人，懂得如何与人相处，与人打交道，是积累经验和资历的基石，是通往中高层管理工作岗位的阶梯。

二、杜绝服务中常见的七大不规范现象

在服务工作中，服务人员应具有卓越的服务意识和对乘客高度的责任心，倾注全部的热情，出色地做好服务工作，用精湛的服务技巧去争取乘客满意。对城市轨道交通服务中出现的一些不规范现象进行研究和分析，以防止这些问题的再次发生。

1．态度冷漠，满不在乎

表现为对经常进行的工作感到厌烦，缺乏兴趣，对乘客视而不见，对乘客的要求漠不关心，好像这些工作与自己无关。

2．推卸责任

对于乘客提出的要求，习惯于逃避或推卸责任。例如，对乘客说：“这事不归我们车站负责，找××部门去”；有的拿出企业烦琐的规定或制度来为难乘客，说什么：“公司就这么规定，我也没办法”，“这是上级规定的，有意见找领导去”。

2．态度冷若冰霜

对乘客的要求不予理睬或不耐烦，表现出对乘客的厌烦态度，而且脸上流落出一种冷漠的表现。

3．自高自大

以高人一等的态度对待乘客，好像只有自己聪明，乘客什么都不懂，对乘客指责教训。

4．机械式服务

对所有的乘客采取一成不变的机械式服务，对于乘客的多样化、个性化要求不予考虑，不能使乘客感到服务的真诚、温暖和个人关怀。

5．固守企业规定

把“执行企业规定”凌驾于乘客满意之上，处理问题简单化，不能从乘客立场出发，灵活掌握企业规定，为让乘客满意而做出不要的“例外”决定。

6．互相推诿

对乘客的问题不是积极主动地给予解决，而是听任乘客去找各个部门四处反映。乘客常常是跑来跑去搞得疲惫不堪，问题仍得不到完满的解决。

三、调整服务心态

只有把服务工作当作自己的事业并为之努力，拥有不断进取、不怕吃苦的心态，我们的服务行为、服务语言才会自然地呈现在乘客面前，而不仅仅是规章、制度的冰冷要求。心态的问题解决了，才能感觉到工作与生活的快乐，才能感觉到自己所做的一切都是理所当然的。

那么，作为车站服务人员，我们如何调整自己的心态呢?

1. 心存感激

心存感激，即感恩的心态。感恩不纯粹是一种心理安慰，也不是对现实的逃避，更不是阿Q的精神胜利法。它是一种歌唱生活的方式，来自于对生活的爱与希望。在日常生活中，持有消极心态的人，常常对生活充满抱怨而不是感激。有这样一句诗：“我，曾经因为没有鞋穿，而哭泣，走到大街上，却看见了没有腿的男子。”没有感恩心态的人，一切以自我为中心，心胸狭窄，他们无法感受到服务的喜悦，工作自然也无法使他们开心。

2. 积极乐观

积极乐观的心态是取得成功最基本的要素，即向好的、正确的方向发展自己。命运不是上天安排的，它要靠我们主动去争取，要求我们用积极乐观的心态去对待。

我们知道，龙虾在某个成长的阶段里，会自行脱掉外面那层具有保护作用的硬壳，因而很容易受到敌人的伤害，而这种情形将一直持续到它长出新的外壳为止。生活中的变化是很正常的，每发生一次变化，总会遭遇到陌生及预料不到的事件。这时，不要回避，使自己变得更懦弱，相反，要敢于去应付危险的状况，对你未曾见过的事物，要培养出信心来。

3. 豁达包容

宽怀包容，方成事业。作为一名服务人员，会接触到形形色色的消费者，每个消费者都有不同的爱好和要求。为他们提供服务，满足其需求，就要学会包容，包容他们的不同喜好和挑剔，包容他们的喜怒哀乐。当然，对于顾客的不正当行为，我们也不能纵容，首先要区分顾客的行为是否为恶意，其次，在遇到具体问题时可按照“大事讲原则，小事讲风格”的原则进行处理。

4. 空杯之心

尺有所短，寸有所长。每个人都有值得你学习的地方。孔子说：三人行，必有我师。也许你在某个方面有丰富的专业技能，但面对你的顾客，你必须怀着空杯之心去学习，把自己融入企业当中，而不是做个旁观者。服务人员只有具备了学习进取的心态，才不会满足于现状，不停去探索和追求，不断超越自我，最终在激烈的竞争中不被淘汰!

5. 勇于负责

在服务工作中，难免会出现失误，给顾客造成不便，这时要勇于承担属于自己的那份责任。当然，有人会说，人非圣贤，孰能无过？这种说法自然没错，但是它并不能成为我们放松对自己工作要求的借口。就像医生对待他的患者要负责那样，服务人员一定要对自己的工作认真敬业，勇担责任，兢兢业业，恪守职业道德。

四、提高服务人员自身能力

工欲善其事，必先利其器。光有服务的意识，没有优质服务的能力是不能够真正为乘客提供优质服务的，所以提高车站服务人员的整体服务水平，至关重要。要做到全面提升，打造品牌，就必须从提高车站服务人员的整体素质入手。

1. 文化修养

（1）加强文化学习，精通业务技能。

（3）懂得公共关系学和乘客心理学。

（3）普通话标准，能够用粤语和英文进行简单交流。

（4）熟悉当地风土人情和交通地理位置，做到“活地图”。

2. 心理素质

（1）要努力培养准确和敏锐的注意力。

（2）要有较强的记忆力。

（3）要有观察、分析和推断乘客心理的思维能力。

（4）要学会控制和驾驭自己的情绪。

3. 服务技能

（1）服务技术

服务技术就是服务操作技能。就像酒店在接待顾客入住按流程操作一样，我们在处理乘客事务时也有一套既定程序。作为服务人员，熟知并掌握本岗位所要求的各项操作规程，这是我们开展服务工作的基本。

（2）服务技巧

光有技术，缺乏技巧，那服务人员与服务机器就没有什么两样了，因此，服务技巧主要指面对不同乘客时的应变能力。特别是车站一线工作人员，每天与成千上万的乘客打交道，不同的人有不同的要求，这时，服务技巧就显得尤为重要了。服务技巧的培养，可以通过案例学习的形式去掌握，但最关键的是自己一定要用心去体会，设身处地去想一想，如果是我，我会怎么做，我能做得比他更好吗？

4. 沟通能力

（1）使用你的眼睛

沟通时看着乘客的眼睛而不是其他地方，表明你很尊重他们。这样做，能使乘客感到满意，也能防止他们走神，更重要的是，能让乘客感受到你的真诚，树立自己的可信度。

（2）面带微笑

谈话的过程中面带微笑，会使乘客觉得你和蔼可亲。真心的微笑能使自己身心舒畅，使交流更好地进行，而这种情绪也能感染你交流的对象。

（3）使用你的肢体

使用身体其他部分有助于树立良好的印象，比如，坐着或站立时挺直腰板，能让乘客感受到你的职业化。

（4）调控你的声音

在交流时使用一种经过调控的语调，适时改变重音，强调某些词语，巧妙使用停顿，能表明你知道自己在做什么，能使乘客对你充满信心。

技术模块

乘客乘坐地铁由进站—购票—进闸—候车—乘车—下车—出闸—出站八步曲组成，在每一个环节出现的乘客服务，站务人员都应运用服务技巧及服务标准用语完成相应的服务工作，才能为乘客提供优质的服务，让乘客满意。

一、进站

1. 当出入口处有积水时

为保证乘客进出站的安全，当出入口处有积水时，应及时在出入口地面及与站厅交界外放置“小心地滑”告示牌，并通知保洁人员来清理。

2. 当乘客携带大行李进站时

为了及时制止携带超大超重物品进站上车，应将物品度量器摆放在进、出闸机明显的地方，便于乘客携带超大超重时进行度量。当乘客携带的物品超过了轨道交通公司规定的体积和重量范围时，应积极主动向乘客解释公司规定，并微笑地向乘客表示歉意：“对不起，您不能携带超大超重物品进站，请您改乘其他交通工具。”

3. 乘客携带气球（宠物）进站时

当遇到乘客携带气球进站时，应及时制止，并微笑地向乘客解释：“对不起，为了您和他人的安全（保持车站及列车的环境），请您不要携带气球（宠物）进站乘车。”

4. 当乘客要求找人找物时

当乘客要求找人找物时，车站应记录乘客的找人找物信息，立即向行调汇报，请行调将这些信息通报各站，发动各站进行寻找，并请乘客留下地址、联系电话，以便联系。

二、购票

1. 当有乘客询问如何购票时

当有乘客询问如何购票时，站务人员应耐心回答：“如果您需要购买单程票，请您准备好零钱（如乘客无零钱就请乘客先到客服中心兑换），到自动售票机处购买，也可直接在客服中心购买（注：某些地铁公司客服中心不发售单程票）。”如图 8-3 所示，厅巡岗站务员回答乘客问询。

图 8-3　厅巡岗站务员回答乘客问询

2. 当乘客需要充值储值卡时

当有乘客在客服中心要求售票员为其充值储值卡时，售票员应严格执行“一收、二唱、三操作、四找零”的程序，并且将赋值成功的储值票放在读卡器上，请乘客确认，说：“请看显示器显示是否为××元的车票”。确认无误后，将找零钱及车票一并交还给乘客。

3. 当找不开零钱时

售票员找不开零钱时，应礼貌地询问乘客：“请问您有零钱吗？”或者说：“对不起，这里的零钱刚刚找完，请您稍等，我们马上备好零钱或麻烦您到对面客服中心或银行去兑换。”

4. 当遇到乘客给付的假钞或残钞时

售票员的售票、充值或兑零时，如发现乘客给付的是假钞时，应耐心向乘客解释：“您这张纸币不能使用，请您另换一张人民币。”如解释无效时，可报告值班站长或请求公安出面处理，若遇到面值较大或数量较多的假币时，应立即报告值班站长或请求公安出面处理。

当乘客给付的残币时，规定除缺损四分之一以上、破旧辨认不清面值纸币不收外，其余都应按规定收取。

5. 当遇到票款不符与乘客发生纠纷时

当遇到乘客认为票款有误时，售票员向乘客解释：“对不起，我们的票款是当面点清的，请您再确认一下，您的票款是否正确，如果确实有误，我们立即封窗查账”。如乘客认为票款确实有误时，值班员及以上人员立即进行封窗查账，若查出售票员长款，应马上把钱退还给乘客，并向乘客解释：“对不起，由于我们工作的疏忽给您带来的不便，希望得到你的谅解，我们一定会避免下次再发生这类事件。”若售票员的票款吻合，则应耐心地向乘客解释，做好安抚工作：“对不起，经我们查实，售票员的票款没有差错，请您谅解。”若乘客有意为难员工，可找公安配合。

三、进闸

1. 当遇到第一次乘坐地铁（或老年）乘客进闸时

当厅巡遇到第一次乘坐地铁的乘客持票进闸时，应协助乘客使用车票，耐心地告诉乘客："请右手持卡刷卡，左侧通行，并妥善保管好车票。"如图 8-4 所示，厅巡岗站务员引导乘客进闸。

图 8-4 厅巡岗站务员引导乘客进闸

2. 当遇到逃票或违规使用车票的乘客进闸时

当发现无票的超高小孩或故意逃票的成年人时，应马上制止，并要求到客服中心或 TVM 处购票："对不起，您超过了 1.2 米（或您好，成年人应该买票），请您购票，请配合我们的工作。"若发现违规使用车票的乘客（特别是成年人使用学生票，年轻人使用老年票等），可按执法程序进行执法，必要时找地铁公安配合。

四、候车

1. 当乘客站在黄色安全线边缘或蹲姿候车时

当发现乘客站在黄色安全线边缘或蹲姿候车时，应立即用手提广播制止："请各位乘客站在黄色安全线内候车"，如效果不好，应及时制止乘客的行为，发现身体不适的，或年龄较大的乘客，可指引他们到候车椅上休息，如图 8-5 所示，站台岗站务员引导候车乘客站在黄色安全线内候车。

图 8-5 站台岗站务员引导候车乘客站在黄色安全线内候车

2. 当遇到乘客候车时吸烟或有小孩在站台上追跑时

站台岗站务员发现有乘客吸烟，应立即制止，并有礼貌地解释："对不起，为了您和他人的安全，请不要在地铁站内吸烟，谢谢合作。"当发现有小孩在站台上追跑时，应提醒家长带好自己的小孩，及时上前制止正在追逐打闹的小朋友，用人工广播强调："地面很滑，容易摔跤，请家长带好小孩，不要在站台追逐、打闹、奔跑。"

3．当站台上有老人、精神异常等特殊乘客时

站台岗应按岗位巡视要求随时注意乘客动态，当发现有老人、小孩候车，应重点留意并指引他们到座位上等候；当发现有精神异常的乘客，立即通知车控室处理，并重点留意他们的动态，同时加强维持站台的秩序；当发现有身体不适的乘客，应主动上前询问情况，并指引他们到座椅上休息，若乘客感到很不适，应立即通知车控室处理。

4．当有乘客物品掉下轨道时

当有乘客物品掉下轨道时，站台岗站务员应提醒并安抚乘客："请勿私自跳下轨道，我们工作人员将会尽快为您拣回物品，多谢合作。"再用对讲机通知车控室处理，同时确保乘客不能有跳下轨道的行为。

五、上车

1．列车到站开门时

列车到时自动打开车门时，站台岗站务员应引导乘客按先下后上的顺序上下车。

2．乘客上车时

当乘客上车时，站台岗站务员应用人工广播向乘客宣传："上车时，请小心站台与列车之间的空隙，在车门即将关闭时，请不要强行上车，以防被车门夹伤，耐心等候下一趟列车。"

3．当屏蔽门或车门夹人时

当乘客被屏蔽门或车门夹到未被夹伤时，但此时乘客要求有个说法，站务人员应耐心认真听乘客叙述事情经过，并进行分析，如因乘客抢上抢下被夹伤，应向其说明有关注意事项，希望乘客今后乘坐地铁应提前做好上下车的准备，避免再出现此类现象；确因地铁原因造成乘客被夹，应向其表示歉意。若乘客被夹伤要求去看病时，首先要安慰被夹伤的乘客，并向乘客讲明自己正当班，不能擅自离岗，通知值班员或值班站长处理；若因地铁原因造成的乘客夹伤，通知保险公司，按地铁有关规定处理。

六、下车

1．乘客下车时

乘客下车时，站台岗站务员通过人工广播或站台广播向乘客宣传："乘客下车时，请小心站台与列车之间的空隙，车门即将关闭时，请不要强行下车，谨防被车门夹伤。"对下车的老人和小孩，用广播宣传："请老人、小孩走楼梯或由家长陪同乘坐电梯。"

2．当屏蔽门或车门即将关闭时

当屏蔽门或车门即将关闭时，应阻挡要抢上的乘客，避免乘客被夹伤，并引导乘客：

“列车马上开车，为您的安全请不要抢上，下一趟列车即将到站，请耐心等候下一趟列车。”如图 8-6 所示，站台岗站务员平展手臂做阻挡姿势。

图 8-6　站台岗站务员平展手臂做阻挡姿势

3．乘客下车逗留在站台时

站台岗站务员应注意下车乘客的动态，若发现有逗留在站台不出站的乘客，应主动上前询问情况，礼貌地告诉乘客不要逗留在车站，应尽快出站。

七、出闸

1．乘客出闸时

当乘客出闸时，厅巡岗站务员应引导乘客有秩序地通过出站闸机，并通过人工广播向乘客宣传：“单程票请投入右边回收口，储值票请刷卡，一张票只能一人通行。”若遇到闯闸机现象应及时制止，如图 8-7 所示，站务员阻止乘客闯闸机。

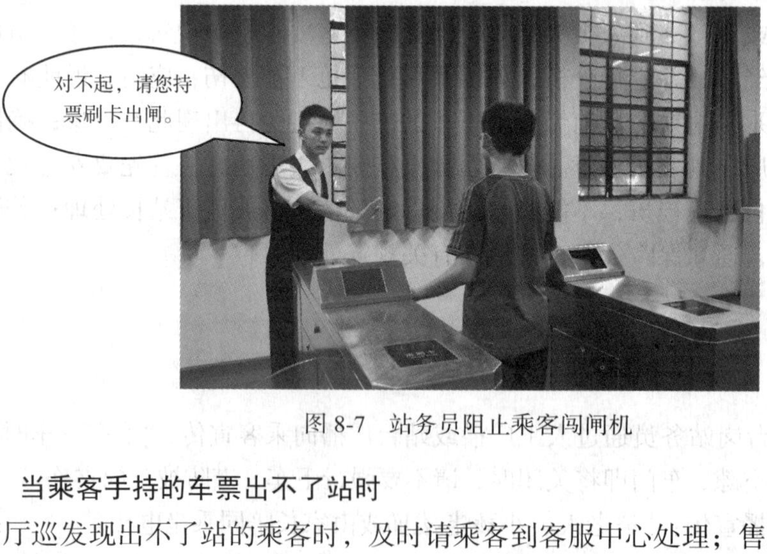

图 8-7　站务员阻止乘客闯闸机

2．当乘客手持的车票出不了站时

当厅巡发现出不了站的乘客时，及时请乘客到客服中心处理；售票员则应耐心地向乘客解释：“对不起，您的车票已超乘，按规定补交超乘费××元。”或者“您的车票已超时，按规定需补款××元。”或者“您的车票有问题，我现在为您处理。”

八、出站

1. 乘客出站

站务员应熟悉地铁站连接的各大型建筑物、商场、学校、医院等场所，以及采取的换乘方式，同时，应确认站厅的出入口牌等导向标志是否正确、是否完整。若乘客在出站时不能确定自己的方向时，应给予主动、热情的指引，不能欺骗、敷衍乘客。

2. 乘客出闸后在地铁站逗留

当发现乘客出闸后不及时出站时，应及时问清乘客逗留的原因，礼貌地请乘客不坐站厅长时间逗留，请乘客尽快出站，以免影响车站正常的客运工作。

拓展模块

一、站务人员服务“八字”要诀

一观、二换、三听、四诚、五礼、六速、七忍、八理。

1.“观”

要学会察言观色，从乘客的言语、动作、表情、眼神等进行细微观察，体会和揣摩乘客的心情，从而提供优质有效的服务。

2.“换”

要经常换位思考，特别是当乘客表示不满或提出投诉时，要站在乘客的位置上进行换位思考，从乘客的角度出发，学会体谅和理解乘客。

3.“听”

要善于倾听乘客的话语，学会以诚恳、专注的态度倾听乘客的叙述，给乘客充分的表达时间。通过倾听，能有效地了解乘客的需求、愿望和不满，还能让乘客感到你尊重他，关心他。

4.“诚”

要真诚地对待每一位乘客。即使是乘客无理投诉，也应以诚恳的态度向乘客道歉，让乘客感觉到他受到了重视，满足他们的自尊心，也便于更好地与乘客交流沟通。

5.“礼”

要礼貌热情地接待乘客，耐心听取乘客意见，不卑不亢，对比较复杂有争议的问题，应查明真相，有理有节地作出处理。处理完毕后，要向乘客致谢，感谢乘客投诉及提出意见，促使地铁不断改进服务。

要迅速果断地处理乘客事务，不能拖拉和敷衍了事，相互推卸责任。应迅速而恰当地进行事务处理。采取措施后，询问乘客是否需要进一步帮助。

6．“忍”

处理乘客事务时，要学会忍耐，即使明知是乘客的不对，也不要急于辩解和反驳，更不能与乘客发生争辩，应耐心听乘客讲完，弄清事实，恰当处理。

7．“理”

要公平、公正、合理的处理乘客事务，应对乘客做出合理的解释和正确的处理，不与乘客斤斤计较，得理让人，让乘客得到满意的答复。

二、服务必备的六种技能

1．用心聆听

聆听是一门艺术，从中你可以发现乘客的真正需求，从而获得处理投诉的重要信息。

2．表示道歉

如果你没有出错，就没有理由惊慌，如你真的出错就得勇于面对。请记住乘客之所以动气是因遇上问题，你漠不关心或据理力争，找借口或拒绝，只会使对方火上加油，适时的表示歉意会起到意想不到的效果。

3．仔细询问

引导乘客说出重点，有的放矢，表示同情。如果对方知道你的确关心他的问题，也了解他的心情，怒气便会消减一半。找出双方一起同意的观点，表明你是理解他的。

4．记录问题

好记性不如烂笔头，把乘客反映的重要问题及联系方式记录下来，不会耽误多少时间。

5．解决问题

探询乘客希望解决的办法，一旦你找出方法，征求乘客的同意。如果他不接受你的办法，可以请问他有什么提议或希望解决的方法。如果你无法解决，可推荐其他合适的人，但要主动代为联络或指引。

6．礼貌地结束

当你将这件不愉快的事情解决后，必须问：请问您觉得这样处理可以了吗？您还有别的问题吗？……如果没有，就多谢对方提出的问题。

三、做好服务工作应具备的素质

1．处变不惊的应变能力——面对突发事件的处理。

2．挫折打击的承受力——面对乘客误解甚至辱骂。

3．情绪的自我控制和调节能力——始终保持愉快的心情。

4．保持积极乐观的心态——让微笑成为习惯。

当面对不同的乘客时，我们应该用适当的态度礼貌对待，并用行之有效的方法稳定他们的情绪并将矛盾淡化，在这里介绍 4 种方法：

1. 对待烦躁的乘客要有耐心，温和地与他交谈。
2. 对刁钻的乘客，态度和气，对其提出的建议，合理对待。
3. 对服务不满意的乘客，要真诚对待，保持自控能力。
4. 具备预防服务冲突的两种优良品质，即宽容大度和与人为善。

实操模块

[实训任务] 情景模拟进闸及售票环节的服务。
[实训目的] 掌握站务人员各岗位服务技巧及标准语言。
[实训要求] 按老师设计的情境分岗位进行模拟训练。
[实训环境] 客服务演练教室。
[实训指导] 指导学生在不同的情境的不同服务技巧。
[实训考评] 学生的服务语言标准及服务态度。

课后思考

1. 站务人员服务的“八字”要诀指的是什么？
2. 当乘客在出闸时不能正常出闸，站务员应如何处理？

参考文献 *References*

[1] 广州地铁组编. 站务人员. 广州：中国劳动社会保障出版社，2009.

[2] 裴瑞江. 城市轨道交通客运组织. 北京：机械工业出版社，2009.

[3] 刘莉娜. 城市轨道交通客运组织. 北京：人民交通出版社，2010.

[4] 赵岚. 城市轨道交通客运组织. 北京：电子工业出版社，2013.

[5] 石瑛. 城市轨道交通客运组织. 北京：中央广播电视大学出版社，2011.

[6] 林瑜筠. 城市轨道交通运输设备. 北京：中国铁道出版社，2011.

[7] 张莹，吴冰. 城市轨道交通车站设备. 北京：电子工业出版社，2012.

[8] 高蓉. 城市轨道交通服务礼仪. 北京：人民交通出版社，2011.

[9]上海申通地铁集团有限公司轨道交通培训中心编著. 城市轨道交通车站客运服务. 北京：中国铁道出版社，2010.

[10] 耿幸福，宁斌主编. 城市轨道交通运营安全. 北京：人民交通出版社，2010.

[11] 中国红十字会总会. 救护师资培训教材. 北京：社会科学文献出版社，2009.

[12] 王探磷. 客户投诉心理分析与应对技巧. 深圳：海天出版社，2007.

[13] 贾俊芳. 高速铁路客运服务. 北京：中国铁道出版社，2009.

[14] 周平. 铁路旅客运输服务，北京：中国铁道出版社，2009.

[15] 中国质量协会主编. 顾客满意度测评手册. 北京：中国社会文献出版社，2007.

[16] 王明宇. 城市轨道交通客运服务. 轨道交通研究，2012.

[17] 彭熙. 成都地铁规划. 中国铁道论坛，2012.